L.O.V.E.

Living Out Victorious Evangelism

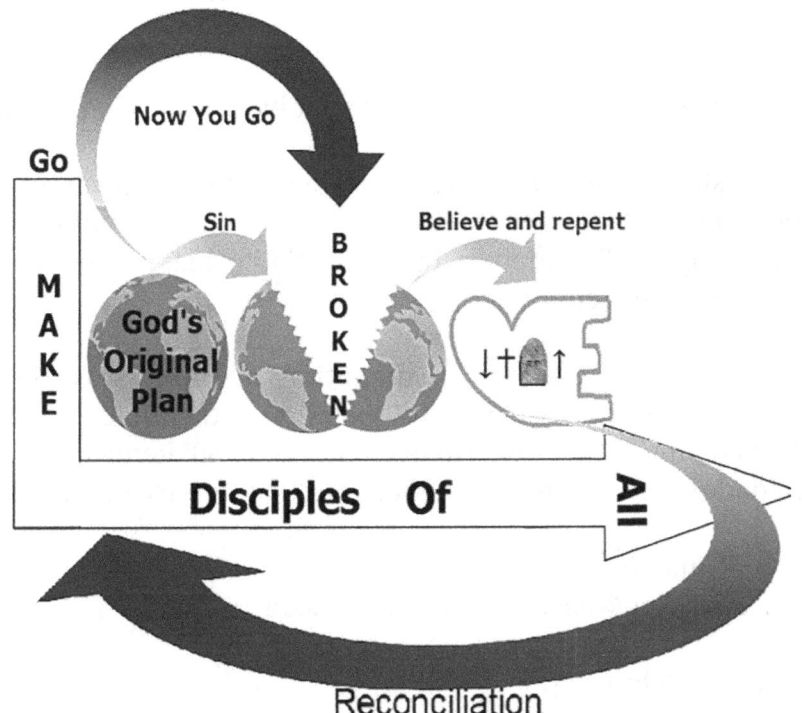

Steven Ray Briones

Living Out Victorious Evangelism / Anda Menciona el Opportunidad de Reconciliacion: An Evangelism Guide in English and Spanish

©2021 by Steven Ray Briones

Published by Earthen Vessel Media, LLC
San Rafael, CA

ISBN: 978-1-946794-34-5

Library of Congress Control Number: 2021952148

Cover design, interior design and layout by Katie L. C. Philpott

All English language Scripture quotations are taken from the New American Standard Bible (NASB), 1995 update, published by the Lockman Foundation, La Habra, California, unless otherwise indicated.

All Spanish language Scripture quotations are taken from the Reina-Valera 1960® ©(RVR1960) version of the Bible, published by Sociedades Bíblicas en América Latina, 1960. Renovado © Sociedades Bíblicas Unidas, 1988, unless otherwise indicated.

For more information,
contact katielcp@earthenvesselmedia.com
or
Mill Valley Fellowship
13545 Webb Chapel Road
Farmers Branch, Texas 75234
(214) 403-8198

Dedication and Acknowledgments

First of all, I want to dedicate this book to the Glory of God. I pray that He uses this book to bring as many souls to the feet of Jesus as He had planned from the foundation of the world through my witness.

Next, I want to dedicate this book to my children. But I pray that one day you will see how the Lord has changed my life. My greatest desire is that the same mercy and grace the Lord has shown me He will show you as well. I'd love to spend eternity with you all. I'm so proud of you all. You all have such beautiful families. I can't wait to meet all my grandchildren face to face. I love you all so very much.

I also want to dedicate this book to my parents. Thank you, mom, for never giving up on me. You are a true angel on this earth. I am so grateful for all the support of my whole family. Dad, I can't wait to join you in heaven. I love you and miss you dearly. Henry, Elisa, JoAnna, and Christina, you never left my side, I will forever be grateful to you all. Uncle Ray and Aunt Iro I know God has a special place in heaven for angels like you. I love you all so very much. Thank you for everything.

Pastor Paul Kerr, Gregg and Marta Bergersen, William Dusty Rhodes, Lloyd Earl Gregg, and every person the Lord has placed in my life, with my heart in my hand thank you so much for investing your time into my life.

To my editor Austin Hasten, thank you for all your hard work and dedication to this book.

Lord, be glorified through this project, Amen.

Foreword

Steven Briones has been writing short teachings for years now. We mail them out at least monthly to dozens of inmates. This is his first "book." Thanks to the Philpott's encouragement and creativity, it is bi-lingual! The topic is Steven's favorite—evangelism & making disciples! I met Steven at the beginning of his journey with Jesus when I was visiting inmates in the solitary confinement section of the Michael's Unit in Tennessee Colony, Texas. Though I was there initially to visit the son of a member of our church family, Steven has proven to be the most faithful spiritual son of those months of visits through the bars. When I began sharing with Steven about Four Fields and No Place Left, he ran with it and then discovered that the tools were being taught there at the Darrington Unit where he is now in seminary! Steven has created an accessible guide to implementing disciple-making using Four Fields tools and his own ideas. Serving inside the prison, as an inmate himself, Steven is making disciples who make disciples. He has good ideas and encouragement for those of us in the free world to follow the commands of Christ. May this book help many share the Gospel of Jesus Christ!

Paul Kerr
Mill Valley Fellowship, Farmers Branch, Texas

Presenting the Gospel Message

Do we really need another book on evangelism? I am convinced that the answer is a resounding yes! When we listen to the so-called Gospel message being preached these days and compare it to the Gospel of the Bible, the contrast is easily seen. The world is starting to hear the Word of God less and less. What they are starting to hear more and more is a convoluted false Gospel. This is not how God intended it to be. The true, pure, Gospel message is so very simple that a child with ears to hear can grasp its wonder.

You cannot help but see that what we hear preached today through radio sermons, televangelists, volunteers, or literature is a diluted version of the Good News. Any preacher worth his salt can recognize a false Gospel when he hears it. Do not get me wrong, there are some who have stayed true to the Bible, but for the most part, the clear message of the Scripture is fading. This new kind of preaching is so bad that the message of the cross is not even being communicated. People have made the simplicity of the cross too complicated. The result is that we are seeing too many false conversions, surrendering to a false Gospel. This is very dangerous, especially considering what is at stake. Lost souls are at stake.

Sadly, many Christians today cannot articulate the Gospel although, the blame falls directly on the shoulders of those behind the pulpit. We like to get caught up in the "deep things" of the Bible and forget the Gospel's simple message. In its simplest form, the Gospel is the redeeming work of the life, death, burial, resurrection, and ascension of Jesus Christ. We will unpack this statement throughout this book.

The way I would like to unpack the Gospel message is by using the words "Who," "What," "When," "Where," "Why," "How," and "Follow-Up" for each section. "Who" to bring the Gospel to, "What" to say when we bring the Gospel to the world, "When" to preach the Gospel, "Where" to bring the Gospel message, "Why" to bring the message, and "How" to spread the Gospel message is the outline of this book. The final section will discuss "following up" with people we encounter during our evangelistic efforts. My aim of this book is to give the reader an uncut presentation of the Gospel of Jesus Christ; the presentation that was intended to be communicated by God. The reader will be equipped with the simplicity of the Gospel message to share it with a broken and hurting world. Oh how desperately our world needs to hear the Good News of Jesus Christ and the hope that He offers.

Let's get back to our first love, the Gospel. Somehow, we have taken on the mindset that another program is what we need to win souls. We do not need another program, we need another fire in our heart. Do you remember what it was like when you first fell in love with Jesus? Do you remember when all you wanted to do was tell somebody else what Jesus had done for you? If you have not experienced that fire, isn't it about time that you do? Let's get back to that first love. We do not need another method. We need that same Gospel message that Jesus gave us in the beginning.

Who?

First let's consider "Who" we are to bring the Gospel message to. The Gospel is for any person separated from God by sin. Romans 3:23 states, "for all have sinned and fall short of the glory of God" (NASB). Therefore, simply stated, the Gospel is for everyone. Every person on this planet has been tainted by sin. We have all disobeyed God's holy law in one way or another. There is a sin nature within us that we are born with. All humans are born sinners.

God's Original Plan

God's original plan was for us to live in perfect communion and harmony with Him. When He created the earth, He created all things perfect, even human beings. When He created our first parents, Adam and Eve, He gave them one command:

The LORD God commanded the man, saying, "From any tree of the garden you may eat freely; but from the tree of the knowledge of good and evil you shall not eat, for in the day that you eat from it you will surely die" (Gen. 2:16-17 NASB).

This was the one command and they disobeyed it and ate of that forbidden tree. Anyone not familiar with the story can read of the account in the first six chapters of the book of Genesis. God's original plan was for us to live in perfect union and fellowship with Him. But because of Adam's disobedience, it brought a separation, a great gulf between God and man.

Brokenness Entered the World

Therefore, just as through one man [Adam] sin entered into the world, and death through sin, and so death spread to all men, because all sinned... So then as through one transgression there resulted condemnation to all

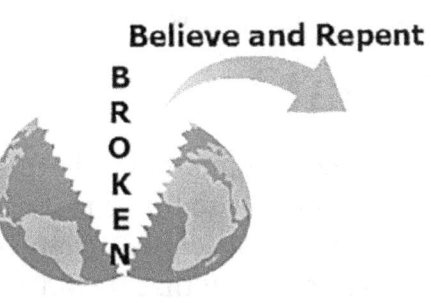

men, even so through one act of righteousness there resulted justification of life to all men. For as through the one man's [Adam] disobedience the many were made sinners, even so through the obedience of the One [Jesus] the many will be made righteous (Rom. 5:12, 18-19 NASB, emphasis mine).

Paul told the Romans, because of Adam's disobedience, the whole human race was affected. Not one person can escape the fact that he is born into sin, into a broken world. Every person is born with a sinful nature and is in need of salvation. Therefore, the Gospel message is to be preached to every human being. Jesus Christ also made this same point when He commissioned His disciples to take the message of the Good News they had learned to the rest of the world.

> *And Jesus came up and spoke to them, saying, "All authority has been given to Me in heaven and on earth. Go therefore and make disciples of all the nations, baptizing them in the name of the Father and the Son and the Holy Spirit, teaching them to observe all that I commanded you; and lo, I am with you always, even to the end of the age" (Matt. 28:18-20 NASB).*

All people, all nations everywhere are eligible to hear the Good News. These are "Who" we must bring the Gospel message to. They are hurting, they are broken, and most of all, they are separated from God. The only way they are going to hear is if we go to them. You do not have to cross the ocean to reach them either. You just have to be willing to cross the street. Sometimes you just have to be willing to cross the room.

What?

The Great Commission in Matthew 28:18-20 is Jesus' command to His disciples to go to the rest of the world and tell them the Good News they just learned from Him. The Good News is that God loved us so much that He did not want to leave us in that state of brokenness. All the bad things we see happening are directly related to the sin that entered the world through Adam. When we go to the nations as we are commissioned, what exactly do we say? What do we preach? When we look through the verses of Scripture that pertain to this topic, there are various terms used to express the Good News. Some examples are: the message (1 Cor. 2:4), the Gospel (Phil. 4:15), the resurrection (Acts 17:18), the baptism of repentance (Luke 3:3), peace (Eph. 2:17), righteousness (2 Pet. 2:5), and the kingdom of God (Acts 28:31).

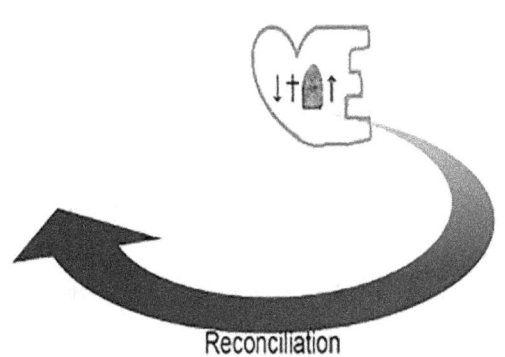
Reconciliation

The "What" is where we begin to complicate the Gospel. Romans 5:19 says, "For through the one man's [Adam] disobedience the many were made sinners, even so through the obedience of the One [Jesus] the many will be made righteous" (NASB). So on the one hand, every person born on earth are made sinners through Adam's disobedience. On the other hand, those who believe in the redemptive work of Jesus are made righteous. Jesus said it this way, "For God so loved the world, that He gave His only begotten Son, that whoever believes in Him shall not perish, but have eternal life" (John 3:16 NASB). Anybody walking apart from Christ is dead in their sins. The Good News is that God sent Jesus to give life to the dead.

Jesus Christ, the Son of God, was sent by God the Father to this earth for our salvation. He was born of a virgin named Mary by the power of the Holy Spirit. Jesus lived a sinless, perfect life in our place for 33 years. God required a perfect life and only Jesus could accomplish that on our behalf. God also required that the sacrifice that He would accept for the redemption of mankind had to be perfect and holy. Once again, Christ met that standard. In God's appointed time, Jesus was crucified under Pontius Pilate. He suffered the death of a sinner although He Himself was sinless. After He was crucified, He was buried in a tomb. Three days later Christ rose from the dead according to the Scriptures. The resurrection proved that God's wrath on mankind was satisfied by Jesus. The redemptive work needed for man's reconciliation with God was complete. God had declared a death sentence for sin and when Jesus took our place on the cross, God declared that death sentence paid in full. For 40 days Jesus walked among the disciples after He had risen from the dead. Many witnesses attested to the fact of His resurrection. After the 40 days, Christ ascended into heaven and took His rightful seat at the right hand of the Father.

The body of Christ would reach a lot more people if we would learn to stick to this simple message of the cross. We also must learn to exalt and magnify Christ, His name, and everything that He has accomplished. When we do this, we would really be fulfilling the Great Commission. We have tried method after method to reach the lost as if what Christ commanded was not enough. We do not need another method, we need to stick to the simple message of the cross.

The obedience of Jesus to become the sacrificial Lamb for the payment of our sin brought reconciliation back to God for mankind. Our belief in Jesus' life, death, burial, resurrection, and ascension as payment for our own sin will make us right with God again. We must believe in the finished work of Jesus on the cross, plus or minus nothing else. We must place our full trust and confidence in the fact that Christ's sacrifice was our payment for the sin debt we owed. Our faith must say "I have no other hope outside of Jesus." We must acknowledge that we have sinned against all of God's commands. God said "Thou shall" and instead I did not. God said "Thou shall not" but instead I did. Thou shall not steal, I did. Thou shall not lie, I did. All through the Ten Commandments it shows your and my guilt. If you have broken just one, you are guilty. The Good News is that if we admit we have sinned and repent or turn from sin and turn to God for His grace, we will be reconciled to His L.O.V.E. We can be restored to His original plan if we believe and repent.

Your Opportunity

I want to take a minute right here to ask you to really think about what you have just read. If you know you have not accepted Christ's sacrifice for your sin, you can do it right now. In your own words, you need to tell the Lord Jesus that you believe and that you need His free gift of salvation for your own soul. In an act of full surrender to God Almighty get on your knees if you can. If you cannot kneel, then bow your head. The important thing is that you humble your heart in an attitude of surrender to God. He loves you so much and He has been waiting for you this very moment. Now pray something like this to your heavenly Father:

"Lord God, I have broken Your Law over and over and I acknowledge that. But I believe that Jesus died for me. I believe that His death was full payment for the debt of sin that I owed. In faith, trusting that what You have said and done for me is true, I take Your free gift of salvation. I do not understand everything yet but I know that I need Your mercy and Your grace. Save me Lord God. Thank You for everything Jesus did for me. From this day forward I want to live a new life for You. Forgive me of all my sins and thank You for Your forgiveness. Give me the new life You promised me of eternal life with You in the name of Jesus I pray Amen."

My friend, if you just prayed that simple prayer, I want to welcome you to the family of God. Welcome home my brother, welcome home my sister. Contact us at the address on the back of this book, we would love to hear from you. Let us help you get plugged into a family Church near you. It is important that you get close to your new family. God bless you for choosing Christ Jesus.

Now You Go

Jesus said in John 15:13-14, "Greater love has no one than this, that one lay down his life for his friends. You are my friends, if you do what I command you" (NASB). God's love for us sent Jesus to the cross according to John 3:16. Jesus' own love for us compelled Him to endure the punishment of the cross. What amazing love! Love is what will compel you and me to tell the whole world about this message of reconciliation. Look at what the Bible says:

For the love of Christ controls us, having concluded this, that one died for all, therefore all died; and He died for all, so that they who live might no longer live for themselves, but for Him who died and rose again on their behalf. Therefore, from now on we recognize no one according to the flesh; even though we have known Christ according to the flesh, yet now we know Him in this way no longer. Therefore if anyone is in Christ, he is a new creature; the old things passed away; behold, new things have come. Now all these things are from God, who reconciled us to Himself through Christ and gave us the ministry of reconciliation [that's our ministry], namely, that God was in Christ reconciling the world to Himself, not counting their trespasses against them [that's our message], and He has committed to us the word of reconciliation. Therefore, we are ambassadors for Christ, as though God were making an appeal through us; we beg you on behalf of Christ, be reconciled to God. He made Him who knew no sin to be sin on our behalf, so that we might become the righteousness of God in Him (2 Cor. 5:14-21 NASB).

That is everything we are supposed to say to the sinner who is separated from God in a nut shell. This passage talks about God's love, Jesus' life, death, burial, and resurrection. This passage also talks about the Great Commission and about being righteous before God. Therefore, this passage is the complete Gospel of Jesus Christ.

We have already established through Scripture that we are in a hopeless state. A state which we cannot do anything about. We are broken people, period. Therefore, we need a Savior to restore us and reconcile us to God. That Savior is Jesus Christ. There are myriads of teachings that we can talk about concerning the life of Jesus which He taught us. The ones important for our discussion are: Jesus is the Son of God, He was born of the Holy Spirit through the virgin birth, He is fully God and fully Man, He lived a sinless life, He died in our place, He was buried in a tomb, and three days later He rose from the dead. God's wrath has now been satisfied.

Ephesians 5:25-27 tells us Christ washes, cleanses, and sanctifies the Church (believers) so she will be blameless. We all have blame but God saw fit to make us blameless through the sacrifice of His only begotten Son. He is the one sacrifice for all sin: past, present, and future. Romans 8:1 says, "Therefore there is now no condemnation for those who are in Christ Jesus" (NASB). Amazing! It seems too simple that I, a broken, wretched sinner, can be blameless just by putting my faith in Jesus. Today people scoff at that. People scoffed even during the disciples' time. 1 Corinthians 1:18 says, "For the word of the cross is foolishness to those who are perishing, but to us who are being saved it is the power of God" (NASB). Beloved, it's true!

There is such freedom in Christ that I do not think the English language can describe it adequately. People find it so hard to believe, or as I mentioned earlier, foolish. That is exactly what the Gospel is to the world, foolishness. To those who will believe, it is freedom; freedom from having to perform well, freedom from having to "do something" to get salvation, freedom from having to "keep it" to stay saved. We have the transaction relationship so ingrained into us since childhood. "If you do this, then I'll do that." "If you eat all your food, I'll give you ice cream." "If you clean your room, I'll let you go out to play." Even into adulthood this transactional relationship exists. "If you perform your duties at work, you will get a paycheck."

In a relationship with God, the grace of salvation is a gift freely offered to us. We cannot earn it, work for it, or buy it. I am so grateful to the Lord that our relationship with Him is not transactional, "For the wages of sin is death" (Rom. 6:23a NASB). That would mean that God owes me death. The rest of that verse is the Good News that brings us freedom. "...but the free gift of God is eternal life in Christ Jesus our Lord" (Rom. 6:23b NASB). If God gave me what I earned, it would be death and He would justly be giving me what I have earned. I do not want what I have earned, I want His grace.

I have received His free gift of eternal life. I did not have to earn it and I did not deserve it. Believe me, with all the evil I've done in my life, I deserve death. Instead, God offered me eternal life. The purpose for writing this book is to offer everyone who reads it the Good News. This free gift is being offered to you. The freedom that I have experienced can be your freedom. It is so liberating. The world may call it foolishness, I call it freedom. Glory to His precious name! There are so many people who have been hurt by evil. There are so many people who have done the hurting. There is so much brokenness in our world. You and I are responsible for some of it and we have also been hurt by some of it. This is why we need to tell the world there is freedom from all this chaos. People need to hear the Good News desperately.

Once you have received this freedom, our gratitude toward all that Jesus has done for us will help us to obey the teachings of Jesus. Since I love God, I choose to obey Him. That is true freedom. I do not obey Him out of fear, I obey Him out of gratitude. True freedom does not mean that I can do anything I want to do, but it gives me the power to do everything that I should do.

Everything we have talked about here is what we are to tell people when we bring them the Gospel message. Now I want to talk about what it is we should **not say**. Ephesians 2:8-9 tells us we are saved by grace through faith, and that not of ourselves, "it is the gift of God; not as a result of works, so that no one may boast" (NASB). Therefore, we do not boast in ourselves, nor do we preach our works as a means of salvation. Second, we do not preach ourselves. It is one thing to bring *your* testimony, but there is no saving power in that. Your testimony will never save people's souls. You can tell people your story, how God changed your life, but do not stop there. Tell them *Who* made the difference. The testimony of *Jesus* is the testimony that will change lives with power. We do not preach ourselves, we preach Christ Jesus and Him crucified (2 Cor. 4:5). Third, our Gospel message has to come from the Bible. We have to preach what Jesus said was the true Gospel. Therefore, if Jesus did not teach it, we should not preach it. Jesus taught us that He Himself died for our sins, suffered crucifixion, and He was buried in a grave. He taught us that three days later He would rise from the dead for our salvation. He taught us that He ascended into heaven to sit at His Father's right hand. He taught that one day, of His choosing, He would come for all those who placed their faith in the Gospel. He taught us that He would then judge the rest of the world for their sins. The only difference between a believer and a non-believer is that the believer's sins are forgiven. Where do you stand?

Building an Effective Testimony

During the course of my journey for Christ, I learned how to build an effective testimony that can be easily communicated. What I am about to show you was inspired by a training called Four Fields. It was very helpful for me and I hope this will help you as well.

To be an effective witness for Christ you must be able to testify of the great things He has done in and through your life with the Gospel. Here are five steps I believe can be used to build your testimony. You will need a piece of paper and something to write with to do these steps.

Think of a time when you cried out to God the most. With that in mind, consider this first step.

1) **Separated from Christ**—In one word how would you describe how you felt in that moment? __[lost]__. Then, in one word describe how you were living: __[addiction]__. With these

two words write how you felt and how you were living when you were separated from Christ in thirty words. Make sure you use the two words you used to fill in the blanks in the sentences you build. For example: When I was separated from Christ, I felt lost and I was living a lifestyle of addiction. I knew I was stuck and needed help, but I couldn't change myself.

2) **The Moment Before You Met Christ**—In one word describe how you felt before you met Jesus: __[reckless]__. With that one word in mind, write in fifty words telling the experience you felt. For example: I felt reckless and my life was spinning out of control. I was losing everyone that I loved and hurting my family. They didn't deserve what I was putting them through, and I knew they wanted better for me as well, but I couldn't stop doing drugs on my own.

3) **What Happened**—Here explain how you accepted Christ into your life in seventy words. Make sure you implement the gospel (Life, Death, and Resurrection). Remember, no gospel no power. For example: Unfortunately, I landed in prison because of my reckless behavior. While I was in prison, God sent a few Christians to talk to me about His saving love. They told me that I could be free from every addiction, that Jesus died for every one of my sins, and that He rose from the dead. If I would confess Him to be Lord of my life, He would save me.

4) **How Are You Living For Christ Now**—In one word describe how you are feeling now that you are in Christ (make sure this contrasts with how you felt when you were separated from Christ): _____. Then, in one word describe how you are living now (make sure this word also contrasts with how you were living when you were separated from Christ). With these two words, write how you now feel and how you are now living for Christ in thirty words. For example: Now that I'm living for Christ, I feel that my life has purpose and I'm no longer a captive of addiction. Thankfully, Christ has broken the chains that held me bound.

5) **Bridge the Gap**—When sharing your testimony, you always want to make sure you offer the person you are talking to the same

hope that Christ offered you. You never know what Christ may be doing in the heart of the person you are talking to. To be sure this hope is offered, you always want to bridge the gap between them and Christ. In thirty words, bridge the gap. For example: There's nothing God has done in my life that He would not be willing to do for you. What Christ has of-fered me, I want to offer you today.

To show you the effectiveness of the previous five steps of building our testimony, let's put it all together:

"When I was separated from Christ, I felt lost, and I was living a lifestyle of addiction. I knew I was stuck and needed help, but I couldn't change myself. I felt reckless and my life was spinning out of control. I was losing everyone that I loved and was hurting my family. They didn't deserve what I was putting them through, and I knew they wanted better for me as well, but I couldn't stop doing drugs on my own. Unfortunately, I landed in prison because of my reckless behavior. While I was in prison, God sent a few Christians to talk to me about His saving love. They told me that I could be free from every addiction, that Jesus died for every one of my sins and that He rose from the dead. If I would confess Him to be Lord of my life, He would save me. Now that I'm living for Christ, I feel that my life has purpose and I'm no longer a captive of addiction. Thankfully, Christ has broken the chains that held me bound. There's nothing God has done in my life that He would not be willing to do for you. What Christ has offered me I want to offer to you today."

As you can see, these steps can really help us build an effective testimony. The important thing is to share it with anyone who will listen.

When?

So up to this point we have covered "Who" we should bring the Gospel to. The answer is every person on this planet without exception. We have covered "What" to say to those we bring the Gospel to. The answer is the life, death, burial, and resurrection that brought reconciliation. Now the question is "When" do we say it?

The Apostle Paul answers this for us in his charge to his spiritual son Timothy.

I solemnly charge you in the presence of God and of Christ Jesus, who is to judge the living and the dead, and by His appearing and His kingdom: preach the word; be ready in season and out of season; reprove, rebuke, exhort, with great patience and instruction (2 Tim. 4:1-2 NASB).

Paul gave Timothy his marching orders like a soldier when he used the words "be ready." He was telling his spiritual son to be prepared for battle like a faithful soldier constantly alert at his post. Be alert, be ready, for at any moment an opportunity can present itself. That is the picture Paul was painting here.

As he continued his charge to Timothy he said, "in season and out of season." This is the "When." Preach the Gospel when you feel like it and when you do not feel like it. Preach the Gospel when it is politically correct and when it is not politically correct. Preach the Gospel when the laws prohibit it and when the laws allow it. The faithful disciple will never be swayed by fear, or by what people may think of him. Nothing will ever alter the faithful disciple's commitment to preach the Gospel when he is called to do just that.

One example of this is in the book of Acts. Peter and the Apostles had just been arrested for proclaiming God's word and after they were beaten and told not to preach "in the name of Jesus" (Acts 5:40 NASB), they were let go. What did they do next? Like faithful soldiers, "everyday, in the temple and from house to house, they did not cease teaching and preaching that Christ is Jesus" (Acts 5:42 NASB). Every day they were ready in season and out of season. Isn't that amazing! Although they had been beaten and threatened not to preach in the name of Jesus, they continued.

Another example of "When" we should bring the Gospel to the

world is in Acts 2:46-47:

Day by day continuing with one mind in the temple, and breaking bread from house to house, they were taking their meals together with gladness and sincerity of heart, praising God and having favor with all the people. And the Lord was adding to their number day by day those who were being saved (NASB).

There is something about fellowshipping with friends and family that draws people together. The first century believers were no different. They met at the temple courts everyday. We do not really have an idea what that looks like today. We barely meet once a week on Sundays. That is assuming the Cowboys are not playing. One of our biggest problems is that we have put fellowshipping with other believers on the back burner. Fellowshipping was an everyday thing in the first century and it is very important. We need to bring it back to the forefront of our lives.

An Old Testament example of putting the testimony of God on our lips all day is in Deuteronomy 6:7:

You shall teach them diligently to your sons and shall talk of them when you sit in your house and when you walk by the way and when you lie down and when you rise up (NASB).

This sounds exactly like what the New Testament church was doing. The New Testament church fellowshipped with other believers in the temple. They spoke of the things of the Lord when they "walked by the way." The New Testament believers broke bread in their homes, ate together, worshiped together, praised God, enjoyed the favor of the people, and loved on each other. If we would get a good grasp of that kind of fellowship, we would experience revival in our land.

Look at the last part of Acts 2:47, "And the Lord added to their number daily those who were being saved." If we want to see the Lord bring multitudes to the feet of Jesus, we are going to have to learn to do church like a first century church. We are going to have to be ready in season and out of season. The Gospel is going to have to be on our lips everyday. Fellowship is going to have to be on the forefront of our hearts. Praise and worship God together every day at work, at the marketplace, in our cars, with our children, and especially in our homes. Every waking moment is an opportunity to proclaim the Gospel with our walk. When people see us living out the Gospel, they will be drawn to Jesus. They will not be drawn to Jesus because of us, but because of the sweet fragrance of Jesus that exudes from our lifestyle of worship.

Where?

Let's talk about this Gospel lifestyle. Some people think that the Gospel should be confined within the four walls of a church building. Do not get me wrong, I am not at all against church buildings. I believe we should plant churches on every street corner of the planet. But should our preaching of the Gospel be confined to just that one building? Should I keep my mouth closed, let's say, at work or school? Do I check my Christianity at the door when I go into the work place? Of course not. We have inherited from our forefathers an America that guarantees our right to worship any place and at any time. I would like to leave that kind of America to my children and grandchildren.

Let's look at a few examples on how Jesus moved from town to town preaching the kingdom of God.

> *Jesus was going through all the cities and villages, teaching in their synagogues and proclaiming the Gospel of the kingdom, and healing every kind of disease and every kind of sickness (Matt. 9:35 NASB).*

> *He said to them, "Let us go somewhere else to the towns nearby, so that I may preach there also; for that is what I came for" (Mark 1:38 NASB).*

Jesus' heart was to bring the Good News to every village and town that He could. He preached in the synagogues, He preached while He fished, He went to the mountain tops, and He went to villages in the valley. Speaking of fishing, what are you talking about when you go out with your buddies? What do your conversations sound like on the golf course? Do your golfing buddies know that you have a relationship with Jesus? The worst thing you ever want to hear from somebody, especially a friend, is, "I didn't know you were a Christian." That is terrible! No matter where Jesus went He was going to tell of the kingdom of His heavenly Father. Our mission should be the same.

And He went up on the mountain and summoned those whom He Himself wanted, and they came to Him. And He appointed twelve, so that they would be with Him and that He could send them out to preach (Mark 3:13-14 NASB).

Not only was Jesus' heart's desire to preach and teach the Gospel, that is exactly why He appointed the twelve Apostles. They were commissioned to do the very same thing He did. They were supposed to go every place on earth to spread the Good News.

We have as the Great Commission Jesus' charge to go into all the world to make disciples. These disciples are to also make other disciples who make other disciples and so on. That same Great Commission applies to you and me today. Look at what Jesus said:

Go therefore and make disciples of all the nations, baptizing them in the name of the Father and the Son and the Holy Spirit, teaching them to observe all that I commanded you; and lo, I am with you always, even to the end of the age (Matt. 28:19-20 NASB).

I think it is pretty clear that we are to go to every nation and make disciples. So, do we go out and get passports and start planning mission trips into other countries? Yes, that is part of it but oftentimes our first "mission trip" should be in our own neighborhoods. We should organize a strategy that would allow us to make a Gospel encounter in our own towns. Organize different groups, maybe even other churches that will get involved with your church or group. A strategic mapping of your own town can be organized, and if implemented well you can hit every street in your city.

For example, with a simple map of your city, divide it into four districts. Draw a line down the middle of your city from north to south. Then draw another line across the map of your city from east to west. This would make four quarters of your city. Each quarter can be designated as the Northeast district, Northwest district, Southeast district, and Southwest district. Next, each district will also be divided into four quarters and color coded: red, white, blue, and green. The streets that fall in each color quarter can be where you begin evangelizing one house at a time. Each time your church or group meets you can reach one quarter of each district until you can honestly say that each color of each quarter has been reached. Then you can move on to the next district and repeat this strategy until there is not a single neighborhood that has not been reached.

Whatever strategy you use can be effective. This is just one example. The point is that you go. There is much preparation and prayer involved in the planning so be sure that the Lord is leading you in whatever direction you do decide to go. Any strategy without talking to God is just useless effort. So be sure to consult with the Lord before you go anywhere.

Once you have contacted people in each district, look for "fellowship houses" where those living there are willing to meet again and welcome follow up visits. Jesus gave an example of these kind of homes.

And whatever city or village you enter, inquire who is worthy [fellowship house] in it, and stay at his house until you leave that city. As you enter the house, give it your greeting. If the house is worthy, give it your blessing of peace. But if it is not worthy, take back your blessing of peace. Whoever does not receive you, nor heed your words, as you go out of that house or that city, shake the dust off your feet. Truly I say to you, it will be more tolerable for the land of Sodom and Gomorrah in the day of judgment than for that city (Matt. 10:11-15 NASB).

The purpose of establishing these "fellowship houses" is to train those that live in these cities so they can evangelize their own neighborhoods. A faithful presence has an enormous impact. A faithful presence is a constant presence, someone who will always be there showing that they care.

People are more likely to open up to a person who can relate to them, a person who interacts with them on a daily basis rather than once a month. There is a saying, "No one cares how much you know until they know how much you care." That is such a true statement because it does not matter how much theology I impart to a neighborhood if there's no genuine concern for the needs of the people there. Although sound doctrine is very important, it will not be received if those hearing do not sense a genuine concern. What good are we doing if we see someone in hunger and all we say is "peace be filled?" I don't know about you but if I'm hungry, I don't need a "peace be filled," I need food. When people see a genuine care for their needs, a faithful presence, that's when their ears are wide open to what you have to say.

What do "fellowship houses" look like in action? Let's assume for a moment that you had a wonderful encounter with an individual during one of your evangelistic efforts. Let's also assume that this individual was open to receiving the Lord as his/her Savior and open to using their home for future visits and Bible study. The next thing you would want to do is to set up, a specific day and time that you could meet. The purpose of this is to stay in close contact with the individual so that you can be involved in their spiritual growth. This would be the best opportunity to do Bible studies with them in order that they could learn more about Jesus. This would also be the time for you to check up with their individual needs.

What you are looking to do during these meetings is to give a kind of pastoral care until they are strong enough in the faith to release them to continue on their own. The following Bible study technique that I'd like to show you is something I learned from No Place Left called the Three Thirds Method. So, what I'm about to teach you is inspired by them.

An example of a one-hour meeting in a "fellowship house" would be divided into three parts. The first twenty minutes should be used as a time of pastoral care and accountability. Use this time to see how the individual has been doing throughout the week. Find out if there are any prayer needs that should be addressed before the Lord. The goal is to build this "fellowship house" to the point that it can continue on its own so that you can move on to another area. You also want to train them to be able to establish other "fellowship houses" as you are doing with them here. Disciples who are making other disciples is the ultimate goal.

The next twenty minutes should be used to study the Word of God. Open the Scriptures to a New Testament story and select a small portion of the text to read together. Ask some questions about the passage chosen. Questions such as: What does this passage say about Jesus? What does this passage say about man? What does this passage say about any sins to avoid? What does this passage say about any commands to obey? For example, "Let your light shine before men in such a way that they may see your good works, and glorify your Father who is in heaven" (Matt. 5:16 NASB). Each time we study the Bible, there are two things we need to walk away with. The first thing we should walk away with is learning what the passage teaches. In this passage, it teaches that man should glorify God. The next thing we should walk away with is what does this passage command us to do? Again, this passage commands us to do good before men with a motive of bringing glory to God. Each time we open the Scriptures, it should be with the goal in mind of obeying what it teaches us to do.

The last twenty minutes should be used to apply what we have learned to our lives by setting real goals. These goals can be used to hold each other accountable each week in applying them. For example, using the Matthew 5:16 passage I would set a goal for the week something like doing acts of kindness for someone I wouldn't normally do that for. When they see that act of kindness, God will be glorified. It is really that simple! In the following week's meeting at the "fellowship houses," we could ask questions in the first twenty minutes such as: How did you do this past week with the acts of kindness goals that we set last week? Once you see that this "fellowship house" has a really strong foundation in their relationship with the Lord Jesus and in their obedience to His Word, it's time to start looking for another "fellowship house" to set up. This process never stops. My suggestion would be to keep doing it until your last dying breath. This is usually how a one-hour meeting in an established "fellowship house" would unfold each week. Of course, there will always be room for spontaneity if needed so don't be too rigid. At the same time try to keep s structure to the meeting. The goal is to introduce these new converts to the majesty of Who God is through studying His Word with them. We serve a great and awesome God, and you want them to see that.

****

To sum this chapter up, the answer to "Where" to preach the Gospel is to start right where you are. Make a districting map of your city and organize churches or groups who will be willing to go. Two people can do it or two hundred people can do it. The important thing is to go. Be organized about it. Have a strategy and a plan of attack and go. One house at a time, start looking for "fellowship houses" that are willing to join the effort. Make plans to meet again to train those who are willing to be that faithful presence in their own neighborhoods. Many church plants can be established out of these "fellowship houses" when there are enough of them in one district.

Once you can honestly say that there is not a single house you have not reached in your own city, it's time to start looking for another city in your area to repeat this process. You would be amazed at how fast the message of the Gospel of peace will spread because of your effort. Remember that prayer is the first and foremost ingredient to L.O.V.E. (Living Out Victorious Evangelism).

The prophet Jeremiah declared that those who had been exiled into a foreign land should:

Seek the welfare [peace] of the city where I have sent you into exile, and pray to the LORD on its behalf; for in its welfare [peace] you will have welfare [peace]... "For I know the plans that I have for you," declares the LORD, "plans for welfare [peace] and not for calamity to give you a future and a hope. Then you will call upon Me and come and pray to Me, and I will listen to you" (Jer. 29:7, 11-12 NASB).

The Gospel cry of Jesus is to bring His peace to a hurting and broken world. We can look around today at all the chaos and pandemonium on the streets and see that we need peace. Mobs of angry people are burning down our streets. Whatever side of the isle you are on, can we agree we need peace? We are only going to find it in the Prince of Peace. No legislation, no President, no politician, and no program will ever bring the kind of peace found in Jesus Christ. The peace starts with bending our knees in humility to the Prince of Peace and praying for the peace of our cities. Once you have prayed, put some feet on your faith and start walking to every street in your city telling them about Jesus' L.O.V.E.

Why?

I really believe that the answer to "Why" we are to preach the Gospel is explained in this one statement in which the Apostle Peter proclaimed, "The end of all things is at hand..." (1 Pet. 4:7a NASB). I am not a date setter. I do not know when Jesus Christ is coming back for His people, but I do know that one day He will. The Bible gives us plenty of "signs" of His coming and of the end of the age that help us know that He is right at the door.

Jesus' disciples asked Him questions concerning His return, "Tell us, when will these things be, and what will be the sign of your coming, and of the end of the age?" (Matt. 24:3 NASB). Let's look carefully at Christ's answer and see if we recognize any of these signs.

And Jesus answered and said to them, "See to it that no one misleads you. For many will come in My name, saying, 'I am the Christ,' and will mislead many. You will be hearing of wars and rumors of wars. See that you are not frightened, for those things must take place, but that is not yet the end" (Matt. 24:4-6 NASB).

Up until this point, we had a cult leader who convinced his followers to commit suicide in mass because he claimed he was the Messiah. Many others have made this similar claim over the years. Christ Jesus Himself warned us not to be misled by these false Christs. Also, in my lifetime alone there have been multiple wars between nations and still Christ Jesus said do not be frightened because it was not yet the end. There's more!

For nation will rise against nation, and kingdom against kingdom, and in various places there will be famines and earthquakes. But all these things are merely the beginning of birth pangs (Matt. 24:7-8 NASB).

We have Iran threatening Israel, China threatening the U.S.A., North Korea threatening South Korea, Russia threatening it's neighbors. We have so much food in America that there should not be a single person in this world who is hungry yet there still is. We have earthquakes of huge magnitudes happening in California and around the world, but Jesus said it's only the beginning.

Then they will deliver you to tribulation, and will kill you, and you will be hated by all nations because of My name. At that time many will fall away and will betray one another and hate one another (Matt. 24:9-10 NASB).

The name of Jesus has never before been more ridiculed than it has been today. If you claim the name of Christ, you will be hated by many. We've seen just in the last decade, multiple versions of persecution in the court system against Christians. On national television, radical Muslims have beheaded Christians. In nations around the world, Christians have been hunted and killed. All of this has happened in the last ten years.

> *Many false prophets will arise and will mislead many. Because lawlessness is increased, most people's love will grow cold (Matt. 24:11-12 NASB).*

We have televangelists getting on national television and making a mockery of the true Gospel. Many people are being misled by these "false prophets." And lawlessness seems to be the order of the day. People are rioting and burning down businesses. Rioters have taken over city blocks. Thugs are ambushing police officers in broad daylight. What are we doing? We can never call this kind of behavior civil. These are the "signs" of the end. Jesus warned us in advance that all this would happen so that when it did, we could recognize the signs of the times. In case you have not noticed, they are here.

> *But the one who endures to the end, he will be saved. This Gospel of the kingdom shall be preached in the whole world as a testimony to all the nations, and then the end will come (Matt. 24:13-14 NASB).*

Did you get that? While all that chaos Jesus just explained takes place, this Gospel of the kingdom shall be preached. HALLELUJAH! What part will you play in that endeavor? Will you be setting buildings on fire for your voice to be heard? Or will you set hearts on fire for the kingdom of God? The end is near! I don't know what eschatological stance you take, but I do know that you better decide where you heart is and set your priorities straight. I think that we can all agree that these are the signs of the end.

The Time Already Past

That leads me to my next point, haven't we wasted enough time on serving our own agenda? God knows I have. I've spent years fulfilling the lusts of the flesh, the lust of the eyes, and the boastful pride of life. I've destroyed so many lives, not to mention my own. Enough is enough! The Apostle Peter gave a wonderful testimony of this.

> *Therefore, since Christ has suffered in the flesh, arm your-*

selves also with the same purpose, because he who has suffered in the flesh has ceased from sin, so as to live the rest of the time in the flesh no longer for the lusts of men, but for the will of God. For the time already past is sufficient for you to have carried out the desire of the Gentiles, having pursued a course of sensuality, lusts, drunkenness, carousing, drinking parties and abominable idolatries. In all this, they are surprised that you do not run with them into the same excesses of dissipation, and they malign you; but they will give account to Him who is ready to judge the living and the dead. For the Gospel has for this purpose been preached even to those who are dead, that though they are judged in the flesh as men, they may live in the spirit according to the will of God. The end of all things is near; therefore, be of sound judgment and sober spirit for the purpose of prayer (1 Pet. 4:1-7 NASB).

There has been enough wasted years, enough wasted lives, and enough cycles of brokenness. As I read that portion of Scripture, all I can say is "Guilty, Guilty, Guilty, Guilty, Guilty, Guilty," and in case I missed one, "Guilty." It's time to move forward though. The damage is done, we can't change that, but we can start the healing process. My prayer is that as people start reading these words, the anointing of the Holy Spirit and His healing power will pour over the hearts of the broken and hurting. Hurting people hurt other people and this cycle must stop. The destruction will only stop with the Gospel of Jesus Christ. When the Gospel message takes over, lives begin to change. It is time that we start spreading the Gospel of reconciliation so that lives can be transformed.

"Why" do we preach the Gospel? Because the souls of men, women, and children are at stake. The responsibility of each and every one of those souls falls on the shoulders of every believer. What applied to the Prophet Ezekiel back then applies to us as Christians today:

Son of man [Christian], I have appointed you a watchman to the house of Israel [put your city here]; whenever you hear a word from My mouth, warn them from Me. When I say to the wicked, 'You will surely die,' and you do not warn him or speak out to warn the wicked from his wicked way that he may live, that wicked man shall die in his iniquity, but his blood I will require at your hand (Ezek. 3:17-18 NASB).

If that verse is not enough to put fire under your feet, I don't know what else to say. My prayer is that this verse is more than enough to light that fire. Feet are beautiful when they are on fire! Look at what the Apostle Paul said:

for WHOEVER WILL CALL ON THE NAME OF THE LORD WILL BE SAVED. How then will they call on Him in whom they have not believed? How will they believe in Him whom they have not heard? And how will they hear without a preacher? How will they preach unless they are sent? Just as it is written, HOW BEAUTIFUL ARE THE FEET OF THOSE WHO BRING GOOD NEWS OF GOOD THINGS! (Rom. 10:13-15 NASB, emphasis mine).

The feet that take the Good News of the Gospel to the hurting and lost souls, Jesus calls beautiful feet. Beloved, that's amazing!

How?

I've explained to the best of my ability the "Who", "What", "When", "Where", and "Why" of the Gospel. "Who" the Scripture says we are to bring the Gospel to, "What" it is we are to say when we preach the Gospel, "When" we are charged to bring the Gospel, "Where" we are supposed to take the Gospel, and "Why" we are obligated to share the Gospel. Now lets talk about "How" we are to share the Gospel.

I cannot stress enough the fact that we must be saturated in prayer before God. We must pray for our neighborhoods, our churches, apartment complexes, court systems, penal institutions, cities, states, city officials, police officers, fireman, military personnel, our country, our President, our Congress, our Legislature, our State Representatives, our families, and especially our children.

We must pray for open doors in ministry, for reconciliation for broken families, for peace in our city streets, for our future generations and their children. We have so much to pray for and there is power in prayer. To get to our highest point in the heavenly realm we've got to put our faces on the ground. Getting down on our knees isn't a ritual, it's an attitude. Our hearts become humble before God. We acknowledge that the only hope of the world is the Gospel of Jesus Christ. We acknowledge before a holy God that He is in control and not us. He is sovereign and we're not. An attitude of humility gets God's attention in prayer.

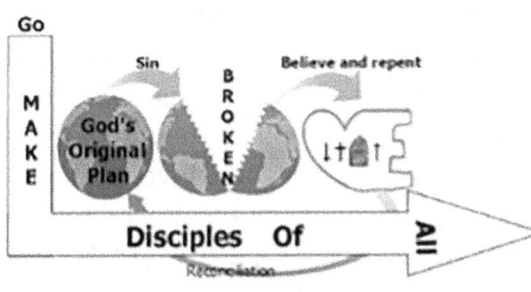

More than prayer though, we need the power of the Holy Spirit. The Apostle Paul told the church of the Thessalonians:

For our Gospel did not come to you in word only, but also in power and in the Holy Spirit and with full conviction; just as you know what kind of men we proved to be among you for your sake (1 Thess. 1:5 NASB).

When we pray, we invoke the powers of the heavenly host to come to our aid. On top of all that, God has placed His Spirit inside of us. With the Spirit of God inside of us, we have the wisdom of God to draw on. When we are drawing on the wisdom of God in our every move and decision, we can operate "with full conviction." That is how the Apostle Paul was able to tell the Thessalonian believers that he didn't bring the Gospel with words only. In other words, there was proof in the pudding, there was power. People were healed, and the eyes of the blind were opened. There was proof that this Gospel message was from God. I don't know about you but if the power of God is backing His Word, there's going to be some pep in my step, Amen!

Listen beloved, we need prayer, power, and a plan. The only way to get the privilege to pray and the power to perform is by becoming a child of the One from Whom all blessings flow. You've got to become a believer if you're not one already. That is the only way to receive the power of the Holy Spirit. We must surrender to the Lordship of Jesus Christ.

The Plan

When your life is saturated in prayer and the Spirit of God dwells in you, then you need a plan of action. I've designed the cover of this book with the acronym L.O.V.E. (Living Out Victorious Evangelism). The "L" represents your ministry as a disciple of Jesus Christ. Our love for Jesus Christ compels us to be obedient to His command which is to "Go" into all the world and make disciples. Someone brought you the Gospel because they love Jesus and they love you. Now it's your turn to show some love. Now that you are a new creature in Christ, you have been reconciled to God and given the ministry of reconciliation (2 Cor. 5:17-18 NASB). Contained in your ministry is a message:

> *... namely, that God was in Christ reconciling the world to Himself, not counting their trespasses against them, and He has committed to us the word of reconciliation. Therefore, we are ambassadors for Christ, as though God were making an appeal through us; we beg you on behalf of Christ, be reconciled to God. He made Him who knew no sin to be sin on our behalf, so that we might become the righteousness of God in Him (2 Cor. 5:19-21 NASB).*

This is the message you should bring using the rest of the L.O.V.E acronym. So, let's go through it in a mock encounter with a person you meet at a bus station. We'll call him Joe. We'll call you Disciple. Through this encounter we will use the O., V., and the E. for your presentation. Let's practice!

- **Disciple**: (Good eye contact) Hi there sir, I'm Disciple!
- **Joe**: Hello, I'm Joe.
- **Disciple**: Did you hear about all that rioting downtown?
- **Joe**: God, it's crazy isn't it?
- **Disciple**: Yeah, scary!
- **Joe**: Those people are out of control.
- Disciple: (Look for an opening, the bus will be here soon) Do you think that would please God?
- **Joe**: I don't know, everything seems so messed up.
- **Disciple**: (Use the O. from the acronym) This isn't God's original plan. God intended from the beginning to live together with Him in peace.

- **Joe**: It doesn't seem like that.
- **Disciple**: (Use the V. from the acronym) Yeah, I know. But it's because sin entered into the world through the very first people on earth named Adam and Eve. They disobeyed God and well, here we are suffering the effects. Sin brought all this brokenness into the world.

- **Joe**: Yeah, I've heard the story but I don't know much about it.

- **Disciple**: Joe, to be upfront with you, we both have contributed to the problem of sin.
- **Joe**: What do you mean?
- **Disciple**: Well, God gave us commands and asked us to obey them. You've probably heard of the Ten Commandments, right?
- **Joe**: Yeah, but I'm a pretty good guy, I haven't killed nobody or nothing like that.
- **Disciple**: Do you consider yourself perfect?
- **Joe**: (Smiling) No, not perfect, but not bad either.
- **Disciple**: Well Joe, God requires perfection.
- **Joe**: Jeez, I guess we're all out of there.
- **Disciple**: (Use the E. from the acronym) Well that's the beauty of God. The good news is that God loved us so much He didn't want to leave us in that broken condition. So He sent His Son Jesus to this earth to live a sinless perfect life in our place. Then

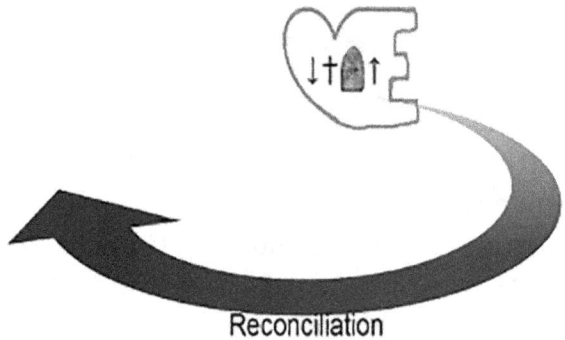

Reconciliation

He used that perfect life of Jesus as a sacrifice to pay the debt of sin that you and I owed. Jesus was beaten so bad that you couldn't even recognize Him. He was mocked by the religious people of His day and then they crucified Him by nailing Him to a cross to die for you and me. It should've been you and me hanging on that cross. What's even more amazing is that when He was buried in the tomb, three days later He rose from the dead. The Bible says that this sacrifice satisfied God's wrath against you and me. Now if you would just accept that sacrifice that Jesus made as a gift for you, believe with all your heart and turn from your sins, God will forgive you. He will completely restore you back to His original plan so that when you die, you can spend eternity with Him. There's a little more to the life of following Jesus but for now, the first step is to be reconciled to God. Joe, do you want to be reconciled to God? He loves you and wants you to be.

This is a mock encounter that I used to help explain the L.O.V.E acronym. Not all encounters flow like this one did. Some are hostile, some will laugh at you, and some will listen. Your duty and privilege is to tell them whether they listen or not. This is an encounter that takes about five minutes of your time. The more you do it, the easier it becomes. The first few times it will feel awkward but eventually it will come easy to you. As you become more and more involved in evangelism, you will start building friendships. Other brothers and sisters that are involved with you in this evangelistic effort will also become familiar with some of the same people that you have. You will need to communicate with one another about potential disciples. One way to communicate well with one another would be an idea I learned from Four Fields Training. I think it is an excellent way of communic¬ating. The following insight of the traffic light is inspired by them.

Imagine a stop light- a red, yellow, and green light. When you are sharing the gospel, you can look at each individual using this kind of system. A red light would be someone who is hostile to the gospel. A type of response you would get from this individual would be, "I'm not trying to hear any of that stuff you're talking about." Don't get discouraged if this happens. The Bible says to passionately dust your sandles and move on (Luke 9:2-5¬). A yellow light is someone who is not hostile to the gospel but at the same time no ready to receive Christ as their Lord and Savior. So, instead of moving on, you would share with them a word of encouragement or a story from Scripture (Luke 7:36-50; 10:25-37; 15:11-32; 18:9-17 etc.). That way when you leave the individual, you can give him/her something to ponder on for a later conversation. Now the green lights are those individuals who want to know the Lord and are willing to hear you on all matters concerning His Word. These are the ones we would disciple and set up "fellowship houses" with to grow them spiritually to the point that they are making disciples on their own.

Furthermore, this system will allow you to know how to interact with the people you encounter. For example, let's say you and another brother in Christ are discussing about a potential disciple, you would say, "Hey Steven you know Chris, he's a yellow light." This means Chris is open to hearing the gospel but not yet ready to surrender. If he is a red light, this means you would simply move on. If he is a green light, this means that you would do everything in your power to disciple him. This simple stop light system brings an easy way of communicating with other believers who are trying to win souls with us.

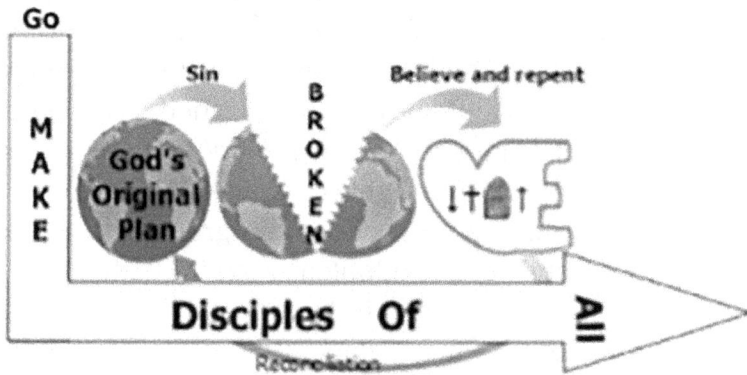

The main thing is to stick to the L.O.V.E acronym:

1) Go make disciples of all the nations, teaching them all that Christ has taught you.

2) God's original plan was to live in perfection with Him.

3) Sin came into the world.

4) That's why we see all this brokenness (murder, death, sickness).

5) But God loved us so much that we must believe in the com-

ing of Jesus, His death on the cross for our sins, His burial in the tomb, and His resurrection from the dead three days later, and we must repent of all our sins.

6) If we do these things, we can be reconciled back to God and be saved.

The message of the Gospel is really that easy. We only have to do it. This is a proven plan of "How" you can bring the Gospel to a hurting and broken world. If you follow the "Who," "What," "When," "Where," "Why," and "How" of spreading the Gospel of Jesus, I promise you that you will be actively fulfilling Christ's Great Commission to all believers (Matt. 28:18-20 NASB).

Follow Up

Once the evangelistic effort starts unfolding, the result will automatically be the accumulation of deep relationships. One of the biggest challenges we face in evangelism is staying connected with the people we encounter. It is easy to think your work is complete once you have brought the Gospel to an individual or a community. That kind of thinking is the wrong mindset. Truth be told, after all the effort that was put into the evangelistic effort to win a city or a town for Jesus, our work has just begun. We have to stay connected. At this point, we begin to do life with the community of new believers.

Discipleship begins after evangelism ends. Discipleship is taking a person or group of people under your wing to teach them sound biblical doctrine and how it plays out in real life. This may include, but is not limited to, forming a Bible study group in "fellowship houses." When these groups grow large enough, it is at this point that a church plant may be the next option. The purpose of discipleship is to cultivate the gifts of each member so that they can in turn serve the community in whatever capacity they may be qualified to fill. This is where we begin to look for those individuals that will best be fit to take up the leadership role of the church plant as pastor. The ultimate goal is to repeat the cycle of evangelism, discipleship, and church planting in every corner of the city.

The spiritual gifts of every believer are in seed form. Every seed has to be carefully planted and attended to so that it can become a healthy plant that bears fruit. The same is true with spiritual gifts. An experienced believer will recognize certain qualities in a new convert and can begin the discipleship process to cultivate, to bring out the full potential of the new believer.

An example that took place in my own life was when a man by the name of Pastor Paul Kerr from Mill Valley Fellowship Church in Farmers Branch, Texas invested countless hours in my life when I was in prison. He would drive two hours one way to come visit me and disciple me each week. We talked about all kinds of things during our visits. He became my spiritual father. During our visits together, he recognized certain gifts and strengths I had and pushed me in that direction. He pushed me to the point that I was confident enough to attend seminary. I am indebted to this godly man for investing in my life. He saw in me what I didn't see. He pushed me to fulfill my potential. The best thing he did for me was to just come along side of me and do life with me. I'm so grateful to the Lord for this man.

Another godly man that God placed in my life was a fellow inmate by the name of Lloyd Earl Gregg. He became a really good friend of mine when I was in Administrative Segregation. Almost everyday Lloyd would go through an embarrassing strip search just to be able to come to my housing area and spend time with me. He also cultivated the gifts in me to get me to my full potential. I will forever be thankful for his dear friendship. He just did life with me.

Another godly man that God put into my life was William Dusty Rhodes. Like Pastor Paul and Lloyd, Dusty also took time out of his life to help disciple me. He was the man God used to baptize me. I'm probably the only person you know who was baptized in handcuffs. Dusty spent many hours of his life investing into mine.

And lastly, I have had the privilege of being discipled by a wonderful man and his wife from Alpha, Gregg and Marta Bergersen. When I was released from Administration Segregation, Gregg took me under his wing during an Alpha class and trained me to learn how to be a disciple maker myself. I had no idea how impactful the Alpha program would be to my life. As the training unfolded, Gregg and Marta poured so much love into all of us that I wanted that kind of fire that he had. He taught me invaluable information during the Alpha training that I will never forget. I will forever be grateful to each and every one of these men that God placed in my life to train me up. With my heart in my hand, I thank you all.

The one thing each of these individuals had in common is that they discipled me with a love I had never experienced before. They came alongside me in all my mess and brokenness and just loved me. They got in the mud pit where I was at and walked with me back to solid ground. I love them so much for everything they contributed to my life. Now it's my turn to apply these same strategies to a broke and lost world.

No one who is born of God practices sin, because His seed abides in him; and he cannot sin, because he is born of God (1 John 3:9 NASB).

This verse says that God's seed abides in you. That seed needs to be cultivated. The more you practice righteousness, the less you'll practice sin. It's a process of unlearning the bad and replacing it with learning the good. The more you practice the better you get at it, just like in anything else. We have to put forth effort and that's why it's important to follow up with new believers. We can't just leave them to fend for themselves. We must build accountability groups with them to hold the fire to their feet. In the process of doing that, not only are they built up stronger and stronger, your strength increases as well.

Now for this very reason also, applying all diligence, in your faith supply moral excellence, and in your moral excellence, knowledge, and in your knowledge, self-control, and in your self-control, perseverance, and in your perseverance, godliness, and in your godliness, brotherly kindness, and in your brotherly kindness, love. For if these qualities are yours and are increasing, they render you neither useless nor unfruitful in the true knowledge of our Lord Jesus Christ (2 Pet. 1:5-8 NASB, emphasis mine).

The more you are increasing in these qualities, the more fruitful you become. The more fruitful you become, the more useful for the kingdom of God you become. Look at the words of Jesus concerning fruit bearing:

I am the true vine, and My Father is the vinedresser. Every branch in Me that does not bear fruit, He takes away; and every branch that bears fruit, He prunes it so that it may bear more fruit... I am the vine, you are the branches; he who abides in Me and I in him, he bears much fruit, for apart from Me you can do nothing (John 15:1-2,5 NASB, emphasis mine).

Did you see the progression, bears fruit, bear more fruit, bears much fruit? Jesus does the same thing in our lives. He cultivates the seed that He has placed in our lives so that the ultimate goal will be much fruit. With this same model in mind, we must stay connected to the new believers we evangelize so that we can help these disciples become the best they can become.

This evangelism book can be applied to any city block or any prison block. It doesn't matter what side of the fence you are on. It doesn't matter what city, state, or country you're in. The important thing is that we take the Gospel of Jesus Christ to those around us and offer them the same hope and peace that Jesus Christ has offered us. Now you go and make disciples of all the nations. Spread the L.O.V.E. Live Out Victorious Evangelism in your city block or in your prison block.

May God bless you as you go.

Please contact us at:

Mill Valley Fellowship
13545 Webb Chapel Road
Farmers Branch, Texas 75234
Phone: 214-403-8198

A.M.O.R.

Anda *Menciona* el **Opportunidad** de *Reconciliacion*

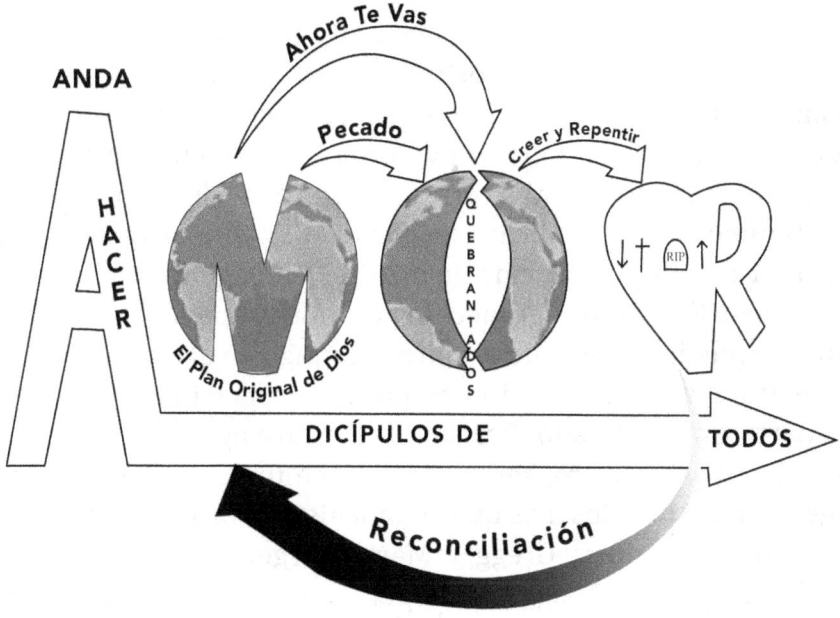

Steven Ray Briones

Dedicación, Reconocimientos, y Prefacio

Primeramente, quiero dedicar este libro para la gloria de Dios. Oro para que Él use este libro para traer las muchas almas a los pies de Jesús que Él ha planeado desde la fundación del mundo por medio de mi testimonio.

Siguiente, quiero dedicar este libro a mis hijos. Mi oración es que un día ustedes miren como el Señor ha cambiado mi vida. Mi deseo más grande es que la misma misericordia y gracia que el Señor me mostró a mí también se las demuestre a ustedes. Me gustaría pasar la eternidad con ustedes. Estoy orgulloso de ustedes. Tienen unas familias muy hermosas. No puedo esperar en conocer a mis nietos cara a cara. Los quiero muchísimo.

También quiero dedicar este libro a mis padres. Gracias Madre por nunca darte por vencida de mí. Eres un ángel verdadero aquí en la tierra. Estoy muy agradecido por todo el apoyo de mi familia. Papa, no puedo esperar de reunirme contigo en el cielo. Te quiero y te extraño tiernamente. Henry, Elisa, JoAnna y Christina, nunca se apartaron de mi lado. Por siempre estaré agradecido con ustedes. Tío Ray y Tía Iro, sé que Dios tiene un lugar especial para ángeles como ustedes. Los quiero muchísimo. Gracias por todo.

Pastor Paul Kerr, Gregg y Marta Bergersen, William Dusty Rhodes, Lloyd Earl Gregg y cada persona que el Señor ha puesto en mi vida, con el corazón en la mano les doy gracias por invertir su tiempo en mi vida.

Para mi editor Austin Hasten, gracias por tu duro trabajo y dedicación a este libro. Señor, se glorificado a través de este proyecto, Amen.

Una nota para mis lectores españoles:
La versión en inglés de este libro se basa en un acrónimo de la palabra "L.O.V.E." que no funciona igual en español.

Pero, podemos usar la palabra española A.M.O.R. (Anda Menciona la Oportunidad de Reconciliación)

Prefacio:

Steven Briones ha estado escribiendo enseñanzas cortas durante años. Los enviamos por correo al mensualmente a docenas de reclusos. Este es su primer "libro". ¡Gracias al estímulo y la creatividad de los hermanos Philpott, es un libro bilingüe! El tema es el favorito de Steven: ¡evangelismo y discipulado! Conocí a Steven hace casi una década al comienzo de su caminar con Jesús. Estaba visitando a los reclusos en la sección de confinamiento solitario de la Unidad de Michael en Tennessee Colony, Texas. Aunque inicialmente estuve allí para visitar al hijo de un miembro de la iglesia, visitaba a Steven y muchos mas con la ayuda de mi amigo Bill Ketchem. Desde estos días, Steven ha demostrado ser uno de los hijos espirituales más fieles en mi vida. ¡Tiene una sed para amar más y más a Dios y a todos—prójimos y enemigos! Cuando comencé a compartir con Steven sobre Cuatro Campos y Ningún Lugar Sin Alcanzar, él lo puso en práctica y luego descubrió que las herramientas se enseñaban allí en la Unidad Darrington, ¡donde ahora está en seminario! Steven ha creado una guía accesible para implementar la creación de discípulos utilizando las herramientas de Cuatro Campos y sus propias ideas. Sirviendo dentro de la prisión, un recluso él mismo, Steven está haciendo discípulos que hacen discípulos. ¡Él tiene buenas ideas y aliento para aquellos de nosotros en el mundo libre para seguir los mandatos de Cristo! ¡Espero que este libro ayude a muchos a compartir el Evangelio de Cristo Jesús!

Paul Kerr
Mill Valley Fellowship, Farmers Branch, Texas

Presentar el mensaje del Evangelio

¿En realidad necesitamos otro libro en evangelismo? ¡Estoy convencido que la respuesta es una resonante SI! Cuando escuchamos el según llamado mensaje del Evangelio que se predica en estos días y lo comparamos con el Evangelio de la Biblia, el contraste fácilmente se deja de ver. El mundo está empezando a escuchar la palabra de Dios menos y menos. Lo que se está empezando a oír más y más es un Evangelio falso y torcido. Esto no fue la intención de Dios. El verdadero, puro mensaje del Evangelio es tan simple que una creatura con oídos para oír puede entender su maravilla.

No puedes evitar de ver que lo que se escucha predicar hoy a través de sermones en la radio, televangelistas, voluntarios, o literatura es una versión diluida de las Buenas Nuevas. Cualquier predicador que vale su sal puede reconocer el Evangelio falso cuando lo escucha. No me mal entiendan, hay unos que si se mantienen en la verdad de la Biblia, pero por la mayor parte, el claro mensaje de las Escrituras se está desapareciendo. Esta clase nueva de predicación es tan mal que el mensaje de la Cruz no se está comunicando. La gente ha hecho la simplicidad de La Cruz muy complicada. El resultado es que estamos viendo muchas conversiones falsas, rindiéndose a un falso Evangelio. Esto es muy peligroso especialmente considerando o que está de por medio. Almas perdidas están de por medio.

Tristemente, muchos Cristianos hoy no pueden articular el Evangelio, aunque, la culpa cae directamente en los hombros de aquellos que están detrás del pulpito. Nos gusta entretener las "cosas profundas" de la Biblia y se nos olvida el simple mensaje del Evangelio. En su forma más simple, el Evangelio es el trabajo redimidor de la vida, muerte, entierro, resurrección y ascensión de Jesucristo. Desenvolveremos este tema a través de este libro.

La manera que me gustaría desenvolver el mensaje del Evangelio es por medio del uso de las palabras "A Quién," "Qué," "Cuándo," "Dónde," "Por qué," "Cómo," y "Mantener Contacto," para cada sección. "A Quién" traer el Evangelio, "Qué" decir cuando llevamos el Evangelio al mundo, "Cuándo" predicar el Evangelio, "Dónde" llevar el mensaje del Evangelio, "Por qué" llevar el mensaje, y "Cómo" esparcir el mensaje del Evangelio es el bosquejo de este libro. La sección final discutirá "Mantener Contacto" con gente que encontremos durante nuestro esfuerzo evangelista. Mi intención de este libro es de darle a la gente una presentación clara del Evangelio de Jesucristo; la presentación que fue la intención que Dios quería comunicar. El leyente será equipado con la simplicidad del mensaje del Evangelio para compartirlo con un mundo quebrantado y lastimado. Oh, que desesperadamente necesita nuestro mundo de escuchar las Buenas Nuevas de Jesucristo y la esperanza que Él nos ofrece.

Regresemos a nuestro primer amor, el Evangelio. De alguna manera tomamos una mentalidad de que necesitamos otro programa para ganar almas. No necesitamos otro programa, necesitamos otro fuego en el corazón. ¿Te acuerdas come era cuando tú enamoraste de Jesús? ¿Te acuerdas cuando todo lo que querías hacer era decirle a alguien más de lo que Jesús hizo por ti? Si nunca has tenido la experiencia de este fuego, es tiempo de que la tengas. Regresemos a nuestro primer amor. No necesitamos otro método. Necesitamos el mismo mensaje del Evangelio que Jesús nos dio desde el principio.

¿A Quién?

Primeramente, consideremos "¿A Quién?" debemos llevarle el mensaje del Evangelio. El Evangelio es para cualquier persona que está separada de Dios por el pecado. Romanos 3:23 dice, *"por cuanto todos pecaron y están destituidos de la gloria de Dios"* (Reina-Valera 1960 usado por todo este libro en español). Por lo tanto, dicho simplemente, el Evangelio es para todos. Cada persona en este planeta ha sido manchada por el pecado. Desobedecemos la ley santa de Dios de una manera u otra. Hay una naturaleza pecaminosa con la cual todos nacemos. (Todo ser humano es nacido pecador.)

El Plan Original de Dios

El plan original de Dios era de que viviéramos en perfecta comunión y harmonía con El. Cuando El creó a la tierra, El creó todas las cosas perfectas, aun los seres humanos. Cuando El creó a nuestros padres, Adán y Eva, Él les dio un mandato:

"Y mandó Jehová Dios al hombre, diciendo; De todo árbol del huerto podrás comer; mas del árbol de la ciencia del bien y del mal no comerás; porque el día que de él comieres, ciertamente morirás" (Gn. 2:16-17).

Esta era el único mandamiento y ellos desobedecieron y coieron del árbol prohibido. Cualquiera que no conoce de esta historia la puede leer en los primeros seis capítulos del libro de Génesis. El plan original de Dios era de que viviéramos en perfecta unión y compañerismo con El. Pero porque Adán desobedeció trajo separación; causó un gran golfo entre Dios y el hombre.

Quebrantamiento Entró al Mundo

"Por lo tanto, come el pecado entró en el mundo por un hombre [Adán] así la muerte pasó a todos los hombres, por cuanto todos pecaron...Así que, como por la transgresión de

uno vino la condenación a todos los hombres, de la misma manera por la justicia de uno vino a todos los hombres la justificación de vida. Porque, así como por la desobediencia de un hombre [Adán] los muchos fueron constituidos pecadores, así también por la obediencia de uno [Jesús] los muchos serán constituidos justos" (Ro. 5:12,18-19).

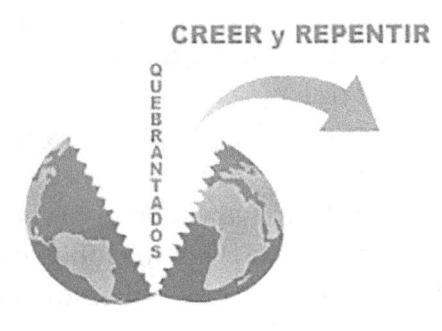

Pablo les dijo a los Romanos, que, por la desobediencia de Adán, toda la raza humana fue afectada. Ninguna persona puede escapar del hecho que nace pecador, a un mundo quebrantado. Cada persona nace con una naturaleza pecadora y necesita salvación. Por lo tanto, el mensaje del Evangelio se necesita ser predicado a todo ser humano. Jesucristo también hizo este mismo punto cuando comisionó a sus discípulos a llevar el mensaje de las Buenas Nuevas que habían aprendido, al resto del mundo.

"Y Jesús se acercó y les habló diciendo: Toda potestad me es dada en el cielo y en la tierra. Por tanto, id, y haced discípulos a todas las naciones, bautizándolos en el nombre del Padre y del Hijo y del Espíritu Santo; enseñándoles que guarden todas las cosas que os he mandado; y he aquí yo estoy con vosotros todos los días, hasta el fin del mundo, Amen" (Mt. 28:18-20).

Toda gente, toda nación dondequiera es eligible para escuchar las Buenas Nuevas. Ellos son "A Quién" debemos llevar el mensaje del Evangelio. Ellos están doliendo, quebrantados, y más que todo están separados de Dios. La única manera que van a oír es si nosotros vamos a ellos. No tienes que cruzar un océano para alcanzarlos. Solamente tienes que estar dispuesto para cruzar la calle. O a veces solamente tienes que estar dispuesto para cruzar el cuarto.

¿Qué?

La Gran Comisión en Mateo 28:18-20 es donde Jesús manda a Sus discípulos a que vayan al resto del mundo y les digan las Buenas Nuevas que aprendieron de Él. Las Buenas Nuevas son que Dios nos amó tanto que Él no nos quiso dejar en un estado de quebrantamiento. Todas las cosas malas que vemos están directamente relacionadas con el pecado que entró por medio de Adán. Cuando vamos a las naciones como fuimos comisionados, ¿qué exactamente es que debemos decir? ¿Qué predicamos? Cuando vemos a través de los versículos de las Escrituras que pertenecen a este tema, hay varios términos que expresan las Buenas Nuevas. Algunos ejemplos son: el mensaje (1 Cor. 2:4), el Evangelio (Fil. 4:15), La resurrección (Hch. 17:18), el bautismo de arrepentimiento (Lc. 3:3), paz (Ef. 2:17), justicia (2 Ped. 2:5), y el reino de Dios (Hch. 28:31).

El "Qué" es en donde empezamos a complicar el Evangelio. Romanos 5:19 dice,

"Porque, así como por la desobediencia de un hombre [Adán] los muchos fueron constituidos pecadores, así también por la obediencia de uno [Jesús] los muchos serán constituidos justos."

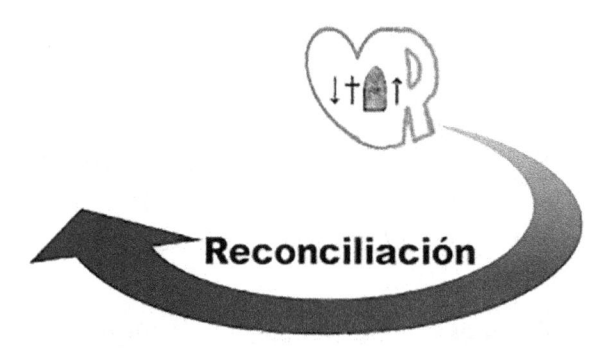

Por un lado, cada persona nacida en la tierra es hecha un pecador a través de la desobediencia de Adán. Por el otro lado, aquellos que creen en el trabajo redentor de Jesús son hechos justos. Jesús lo dijo de esta manera,

"Porque de tal manera amo Dios al mundo, que ha dado a su Hijo unigénito para que todo aquel que en él cree no se

pierda mas tenga vida eterna" (Jn.3:16).

Cualquiera que camine aparte de Cristo está muerto en sus pecados. Las Buenas Nuevas son que Dios mandó a Jesús para darnos vida a los muertos.

Jesucristo, el Hijo de Dios, fue mandado por el Padre Dios a la tierra para nuestra salvación. Él nació por la virgen llamada María por medio del poder del Espíritu Santo. Jesús vivió una vida sin pecado y perfecta en nuestro lugar por 33 años. Dios requería una vida perfecta y solamente Jesús pudo cumplirlo por nosotros. Dios también requería que el sacrificio que Él aceptara por la redención de la humanidad fuera perfecta y santa. Una vez más, Cristo cumplió con el estándar. En el tiempo designado por Dios, Jesús fue crucificado, Él fue sepultado en una tumba. Tres días después, Cristo se levantó de entre los muertos de acuerdo con las Escrituras. La resurrección fue la prueba de que la ira de Dios fue satisfecha en Jesús. El trabajo de redención necesitado para la reconciliación del hombre con Dios fue completa. Dios declaró la pena de muerte por el pecado y cuando Jesús tomó nuestro lugar en la Cruz, Dios declaró que la pena de muerte fue pagada en total. Por 40 días, Jesús caminó entre sus discípulos después de que resucitó de entre los muertos. Muchos testigos comprobaron del hecho de su resurrección. Después de 40 días, Cristo ascendió al cielo y tomó su debido asiento a la mano derecha del Padre.

El cuerpo de Cristo podría alcanzar a muchos más si nosotros aprendiéramos a mantenernos con el simple mensaje de la Cruz. También, debemos aprender a exaltar y a magnificar a Cristo, Su nombre, y todo lo que Él llevó acabo. Cuando hacemos esto, estaremos realmente cumpliendo La Gran Comisión. Tratamos método tras método para alcanzar a los perdidos como si lo que Cristo mandó no fuera lo suficiente. No necesitamos otro método, necesitamos mantenernos al simple mensaje de la Cruz.

La obediencia de Jesús de hacerse el cordero sacrificial para pagar nuestros pecados trajo reconciliación a la humanidad con Dios. Nuestra fe en la vida, muerte, sepulto, resurrección, y ascensión de Jesús como pago por nuestros pecados nos hará estar bien nuevamente con Dios. Necesitamos creer en el trabajo terminado de Jesús en la Cruz, nada más y nada menos. Necesitamos poner nuestra confianza completa en el hecho de que el sacrificio de Cristo es nuestro pago completo de la deuda que debíamos por nuestros pecados. Nuestra fe debe decir, "No tengo ninguna otra esperanza fuera de Jesús." Debemos reconocer que pecamos contra todos los mandamientos de Dios. Dios dijo, "No harás," pero yo lo hice. No robarás, lo hice. No mentirás, lo hice. A través de los Diez Mandamientos se nos enseña nuestra culpabilidad. Si has quebrado solamente uno, eres culpable. Las Buenas Nuevas son que si admitimos que pecamos y nos arrepentimos o nos retiramos de nuestro pecado y volteamos a Dios por su gracia seremos reconciliados a su A.M.O.R. Podremos ser restaurados a su plan original si creemos y nos arrepentimos.

Tu Oportunidad

Quiero tomar un minuto aquí para preguntarte ¿qué piensas en la realidad de lo que has leído? Si sabes que no has aceptado el sacrificio de Cristo por tu pecado, lo puedes hacer hoy mismo. En tus propias palabras, necesitas decirle al Señor Jesús que crees y necesitas su regalo gratuito de salvación para tu alma. En un hecho de rendimiento completo hacia el Dios Todo Poderoso, ponte de rodillas si puedes. Si no te puedes arrodillar, entonces agacha tu cabeza. Lo importante es que humilles tu corazón en una actitud de rendición para con Dios. Él te quiere mucho y Él te ha estado esperando hasta este mismo momento. Ahora, ora algo parecido a esto a tu padre celestial:

> Señor Dios, he roto tu ley vez tras vez y lo reconozco. Pero creo que Jesús murió por mí. Creo que su muerte fue el pago completo por la deuda de mi pecado que debía. En fe, confiando que lo que has dicho y hecho por mí es verdad. Recibo el regalo gratuito de salvación. No entiendo todo todavía, pero sé que necesito Tu misericordia y Tu gracia.

Sálvame, Señor Dios. Gracias por todo lo que Jesús hizo por mí. Desde este día en adelante, quiero vivir una vida por Ti. Perdóname por todos mis pecados y gracias por Tu perdón. Dame la vida nueva que prometiste de vida eterna contigo en el nombre de Jesús oro, Amen.

Mi amigo, si oraste esta simple oración, quiero darte la bienvenida a la familia de Dios. Bienvenido a casa mi hermano, bienvenida, mi hermana.

Contáctanos a la dirección que se encuentra detrás de este libro. Nos gustaría escuchar de ti. Es importante que te acerques a tu nueva familia. Dios te bendiga por escoger a Cristo Jesús.

Ahora Tú Ve

Jesús dijo en Juan 15:13-14, *"Nadie tiene mayor amor que este, que uno ponga su vida por sus amigos. Vosotros sois mis amigos, si hacéis lo que yo os mando."* El amor de Dios para con nosotros mandó a Jesús a la Cruz de acuerdo con San Juan 3:16. El amor mismo de Jesús le impulsó a que aguantara el castigo de la Cruz. ¡Qué amor tan asombroso!

El amor es lo que nos impulsa a ti y a mí para decirle a todo el mundo del mensaje de reconciliación. Mira lo que dice la Biblia:

"Porque el amor de Cristo nos constriñe pensando esto; que si uno murió por todos, luego todos murieron; y por todos murió, para que los que viven, ya no vivan para sí, sino para aquel que murió y resucitó por ellos. De manera que nosotros de aquí en adelante a nadie conocemos según la carne; y aun si a Cristo conocimos según la carne, ya no lo conocemos así. De modo que, si alguno está en Cristo, nueva criatura

es; las cosas viejas pasaron; he aquí todas son hechas nuevas. Y todo esto proviene de Dios quien nos reconcilió consigo mismo por Cristo y nos dio el ministerio de la reconciliación (este es nuestro ministerio) que Dios estaba en Cristo reconciliando consigo al mundo, no tomándoles en cuenta a los hombres sus pecados (este es nuestro mensaje) y nos encargó a nosotros la palabra de la reconciliación. Así que, somos embajadores en nombre de Cristo, como si Dios rogase por medio de nosotros; os rogamos en nombre de Cristo reconciliaos con Dios. Al que no conoció pecado, por nosotros lo hizo pecado, para que nosotros fuésemos hechos justicia de Dios en él" (2 Co.5:14-21).

En forma concentrada, esto es todo lo que le debemos decir al pecador que está separado de Dios. Este pasaje habla del amor de Dios, de la vida, muerte, sepultura, y resurrección de Jesús. Este pasaje también habla de la Gran Comisión y de ser justo ante Dios. Por lo tanto, este pasaje es el Evangelio completo de Jesucristo.

A través de las Escrituras establecimos que estamos en un estado sin esperanza. Un estado en el cual no podemos hacer nada. Sernos gente quebrantada, punto. Por lo tanto, estamos necesitados de un Salvador que nos restaure y nos reconcilie con Dios. Ese Salvador es Jesucristo.

Hay una multitud de enseñanzas de las cuales podemos hablar de que conciernen la vida de Jesús que nos enseña. Las importantes para nuestra discusión son: Jesús es el Hijo de Dios, Él nació de una virgen por medio del Espíritu Santo, Él es completamente Dios y completamente Hombre, Él vivió una vida sin pecado, Él murió en nuestro lugar, Él fue sepultado en una tumba, y tres días después Él resucitó de entre los muertos. La ira de Dios ahora ha sido satisfecha.

En Efesios 5:25-27 nos dice que Cristo nos lavó, limpió, y santificó la Iglesia (Creyentes) para ser sin mancha. Todos tenemos la mancha del pecado, pero Dios le complació de hacernos sin mancha a través del sacrificio por todos los pecados: pasados, presentes, y futuros. Romanos 8:1 dice, *"Ahora, pues, ninguna condenación hay para los que están en Cristo Jesús."* ¡Asombroso! Se ve simple que yo, un quebrantado y vil pecador, pueda ser sin mancha solo por poner mi fe en Jesús. Hoy en día, la gente se burla de esto. La gente aún se burlaba durante el tiempo de los discípulos. 1 Corintios 1:18 dice, *"Porque la palabra de la Cruz es locura a los que se pierden; pero a los que se salvan, esto es, a nosotros, es poder de Dios."* ¡Amado, es verdad!

Hay tanta libertad en Cristo que creo que el lenguaje inglés o español no lo puede describir adecuadamente. La gente lo encuentra difícil de creer o como mencioné antes, son necios. Eso es exactamente lo que el Evangelio es para el mundo, necedad. Para aquellos que creen es libertad; libertad de tener que ejercer buenas obras, libertad de tener "algo que hacer" para obtener la salvación, libertad de tener que "mantener bien" para continuar siendo salvo. Desde nuestra juventud, se nos inculcó tener una relación de transacción por la cual respondemos naturalmente. "Si tú haces esto, entonces yo hago aquello." "Si te comes toda tu comida, yo te daré un helado." "Si limpias tu cuarto, yo te dejo ir a jugar." Esta relación de transacción existe aún en nuestra vida adulta. "Si tú cumples con tus responsabilidades en el trabajo, te pagarán."

En una relación con Dios, la gracia de la salvación es un regalo gratuito ofrecido a nosotros. No podemos ganarlo, trabajar por ello, o comprarlo. Estoy muy agradecido con el Señor de que nuestra relación con Él no es transaccional, *"Porque la paga del pecado es muerte" (Ro. 6: 23b)*. Esto quiere decir que Dios me debe la muerte. El resto de este verso son las Buenas Nuevas que nos traen libertad. *"Mas la dadiva de Dios es vida eterna en Cristo Jesús Señor nuestro" (Ro. 6:23b)*. Si Dios me diera lo que he ganado, sería la muerte y Él me estaría dando lo que justamente yo he ganado. No quiero lo que he ganado. Yo quiero de su gracia. He recibido de su gratuito regalo de vida eterna. No la tuve que ganar y no la merezco. Créanme, con toda la maldad que hice en mi vida, yo merezco la muerte. En cambio, Dios me ofreció vida eterna.

El propósito de escribir este libro es para ofrecerles a todos que lo lean las Buenas Nuevas. Este regalo gratuito se te está ofreciendo a ti. La libertad que experimento puede llamar necedad, yo le llamo libertad. ¡Gloria a Su precioso nombre! Hay tanta gente que ha sido lastimada por maldad. Hay mucha gente que han sido los que causan las heridas. Hay tanto quebrantamiento en nuestro mundo. Tú y yo somos responsables de algo de ello y también hemos sido lastimados. Es por eso por lo que necesitamos decirle al mundo que hay libertad de este caos. La gente necesita escuchar las Buenas Nuevas desesperadamente.

Una vez que hemos recibido esta libertad, nuestro agradecimiento por todo lo que Jesús ha hecho por nosotros nos ayudará para obedecer las enseñanzas de Jesús. Ya que yo amo a Dios, escojo obedecerle. Esto es verdadera libertad. No le obedezco por miedo, le obedezco por gratitud. Verdadera libertad no quiere decir que yo puedo hacer lo que yo quiera, pero me da el poder para hacer cualquier cosa que yo deba hacer.

Todo de lo que hemos estado hablando aquí es lo que debemos decirle a la gente cuando le traemos el mensaje del Evangelio. Ahora, quiero hablar de lo que **no debemos decir**. Efesios 2:8-9 dice, *"Porque por gracia sois salvos por medio de la fe; y esto no de vosotros, pues es don de Dios; no por obras, para que nadie se gloríe."*

Primeramente, no nos jactamos en nosotros mismos, ni predicamos nuestras obras como medio de salvación. Segundamente, no nos predicamos a nosotros mismos. Una cosa es dar **tu** testimonio, pero eso no tiene el poder salvador. Tu testimonio nunca salvará las almas de la gente. Puedes decirle a la gente tu historia, de como Dios cambió tu vida, pero no te detengas allí— Diles **Quien** hizo la diferencia. El testimonio de **Jesús** es el testimonio que cambiará las vidas con poder. No nos predicamos a nosotros mismos, predicamos a Cristo Jesús y a Él crucificado (2 Co. 4:5).

Terceramente, nuestro mensaje del Evangelio viene de la Biblia. Tenemos que predicar lo que Jesús dijo que es el verdadero Evangelio. Por lo tanto, si Jesús no lo enseñó no debemos predicarlo. Jesús nos enseñó que Él mismo murió por nuestros pecados, sufrió ser crucificado, y Él fue sepultado en una tumba. Él nos enseñó que tres días después se levantó de entre los muertos por nuestra salvación. Él nos enseñó que ascendió al cielo y está sentado a la diestra del Padre. Él nos enseñó que un día, cual Él escoja, Él vendrá por todos los que ponen su fe en el Evangelio. Él nos enseñó que Él juzgará al resto del mundo por sus pecados. La única diferencia entre un creyente y un no-creyente es que al creyente sus pecados son perdonados. ¿En dónde te encuentras tú?

Edificando un Testimonio Efectivo

Durante el caminar con Cristo, aprendí edificar un testimonio efectivo que se puede comunicar fácilmente. Lo que voy a enseñar a ti fue inspirado de una enseñanza llamado Cuatro Campos. Me ayudó bastante y creo que también te ayudará. Para ser un testigo efectivo de Cristo, tienes que compartir de las grandes cosas que Él ha hecho por ti a través del Evangelio. ¿Pero cómo compartes tu testimonio? Quiero compartir cinco pasos que creo que son efectivos para dar tu testimonio con cualquiera que te encuentres. (Necesitarás una hoja de papel).

Piensa del tiempo cuando clamaste a Dios. Con eso en mente, considera el primer paso.

1) **Separado de Cristo:** Con una palabra describe como te sentiste en ese momento: _____. Luego, con una palabra describe como estabas viviendo:_____. Ahora usa estas palabras para que te ayuden a describir cómo te sentiste y viviste separado de Cristo usando treinta palabras. Asegúrate de usar estas dos palabras que usaste en los espacios en blanco. Por ejemplo: Cuando estaba separado de Cristo me sentía perdido y estaba viviendo una vida de adicción. Sabía que estaba atascado, pero no me podía ayudar a mí mismo a cambiar.

2) **El Momento Antes de Conocer a Cristo:** Usa una palabra que describa como te sentiste en el momento antes de conocer a Jesús: _____. Con esta palabra en mente, ahora escribe en cincuenta palabras de cómo te sentiste. Por ejemplo: Yo sentí

destruido y mi vida estaba fuera de control. Estaba perdiendo a todos los que quiero y lastimando a mi familia. Ellos no se merecían lo que yo los estaba haciendo pasar. Sé que ellos querían lo mejor para mí también pero no podía dejar de hacerle a las drogas por mi mismo.

3) **¿Qué Pasó?:** Aquí explicas cómo fue que aceptaste a Cristo usando setenta y dos palabras. Asegúrate incluir el Evangelio (vida, muerte, y resurrección). Recuerda: no Evangelio, no poder. Por ejemplo: Desafortunadamente, por mi comportamiento de no importarme nada estoy aquí en la prisión. Estando aquí en la prisión, Dios me mandó algunos Cristianos que me hablaron de Su amor salvador. Me dijeron de que podía ser libertado de toda adicción, que Jesús murió por cada uno de mis pecados y que se levantó de los muertos. Que, si yo lo confiese como el Señor de mi vida, Él me salvaría.

4) **¿Como Estás Viviendo Para Cristo Ahora?:** En una palabra, describe como te sientes ahora que estás en Cristo (asegúrate que esta palabra se contraste con la palabra que usaste para describir cómo te sentías antes de Cristo)_____. Luego, en una palabra, describe cómo estás viviendo ahora (Asegurarte que esta palabra se contraste con la palabra que usaste para describir como estabas viviendo cuando estabas separado de Cristo)_____. Mantén estas dos palabras en mente. Ahora, usando estas dos palabras, escribe como te sientes y cómo estás viviendo para Cristo en treinta palabras. Por ejemplo: Ahora que estoy viviendo por Cristo, siento que mi vida tiene propósito y ya no estoy en cadenas que me ataban.

5) **Haz una Conexión:** Cuando compartas tu testimonio, siempre quieres asegurarte de que le ofreces a la persona con la cual estás hablando la misma esperanza que Cristo te ofreció a ti. Nunca sabes que es lo que Cristo está haciendo en el corazón de la persona con la cual estás hablando. Para asegurarte que esta esperanza es ofrecida, haz una conexión entre la persona y Cristo. En treinta palabras, haz una conexión. Por ejemplo: No hay nada que Dios ha hecho en mi vida que no haría en la suya. Lo que Cristo

me ofreció a mi quiero ofrecerlo a usted hoy.

Para demostrar lo efectivo que son estos cinco pasos de edificar tu testimonio, vamos a ponerlos juntos:

Cuando estaba separado de Cristo, me sentía perdido y mi estilo de vida era una de adicción. Sabía que estaba estancado y que necesitaba ayuda, pero no podía cambiarme a mí mismo. Yo sentí destruido y mi vida estaba fuera de control. Estaba perdiendo a todos mis seres queridos y lastimando a mi familia. Ellos no se merecían lo que yo los estaba haciendo pasar. Sé que ellos querían lo mejor para mí, pero no podía parar de usar las drogas por mi propia cuenta. Desafortunadamente, por no importarme nada, terminé aquí en la prisión. Aquí en la prisión, Dios mandó a Cristianos para hablarme de Su amor salvador. Me dijeron que Dios me podía librar de toda adicción. Que Jesús murió por mis pecados y que se levantó de entre los muertos. Que si yo confiese que Él es mi Señor, me salvaría. Ahora que estoy viviendo por Cristo, siento que mi vida tiene propósito y que ya no soy cautivo a la adicción. Gracias a Cristo quien quebró las cadenas que me ataban. No hay nada que Dios ha hecho en mi vida que no haría por ti también. Lo que Cristo me ofreció a mí, también te lo quiero ofrecer a ti hoy.

Como puedes ver, estos cinco pasos son muy efectivos en construir tu testimonio. Lo más importante es que lo compartas con alguien.

¿Cuándo?

Hasta este punto hemos cubierto "A Quién" debemos llevar el Evangelio. La respuesta es a toda persona en este planeta sin excepción. Cubrimos "Qué" decir a aquellos que les llevamos el Evangelio. La respuesta es la vida, muerte, sepultura y resurrección que nos trajo reconciliación. Ahora la pregunta es ¿"Cuándo" debemos decirlo?

El Apóstol Pablo nos da la respuesta en su encargo a su hijo espiritual Timoteo:

"Te encarezco delante de Dios y del Señor Jesucristo, que juzgara a los vivos y a los muertos en su manifestación y en su reino, que prediques la palabra; que instes a tiempo y fuera de tiempo; redarguye, reprende, exhorta con toda paciencia y doctrina" (2 Ti. 4:1-2).

Pablo le dio a Timoteo sus órdenes para marchar como a un soldado cuando uso las palabras "esté listo." Le estaba diciendo a su hijo espiritual que estuviera preparado para la batalla como un soldado fiel constantemente alerta en su puesto. Esté alerta, esté listo, porque en cualquier momento una oportunidad se puede presentarse. Esto era el cuadro que Pablo estaba pintando aquí.

A como continuó su cargo para con Timoteo él dijo, *"en temporada y fuera de temporada."* Esto es el "Cuándo." Prediques el Evangelio cuando lo sientas y cuando no lo sientas. Prediques el Evangelio cuando sea políticamente correcto o cuando no lo sea. Prediques el Evangelio cuando la ley lo prohíba o no.

El discípulo fiel nunca se desvía por miedo o por lo que la gente piense de él. Nada alterará al discípulo fiel de predicar el Evangelio porque a eso fue llamado.

Un ejemplo de esto está en el libro de Hechos. Pedro y los apóstoles los habían arrestado por proclamar la palabra de Dios y después los golpearon y les dijeron que no hablasen *"en el nombre de Jesús" (Hch. 5:40)*, los dejaron ir. ¿Qué fue lo que hicieron después? Como soldados fieles, *"Y todos los días, en el templo y por las casas no cesaban de enseñar y predicar a Jesucristo"(Hch. 5:42)*. Cada día estaban listos en temporada y fuera de temporada. ¿No es esto asombroso? Aunque ellos fueron golpeados y amenazados de no predicar en el nombre de Jesús, como quiera continuaron.

Otro ejemplo de "Cuándo" debemos llevar el Evangelio al mundo está en Hechos 2:46-47:

"Y perseverando unánimes cada día en el templo, y partiendo el pan en las casas, comían juntos con alegría y sencillez de

corazón alabando a Dios y teniendo favor con todo el pueblo. Y el Señor añadía cada día a la iglesia los que habían de ser salvos."

Hay algo en el compañerismo entre amigos y familia que atraen a la gente para juntarse. Los creyentes del primer siglo no eran tan diferentes. Se reunían en los atrios del templo todos los días. No tenemos una idea de cómo eso se ve hoy en día. Muy apenas nos reunimos una vez a la semana los Domingos. Eso es si Los Vaqueros no están jugando. Uno de nuestros más grandes es de que hemos puesto el compañerismo con otros creyentes en último lugar. El compañerismo era de todos los días en el primer siglo y es muy importante. Necesitamos darle la primera importancia en nuestras vidas.

Un ejemplo en el Antiguo Testamento de poner el testimonio de Dios en nuestros labios todo el día está en Deuteronomio 6:7, *"Y las repetirás a tus hijos y hablarás de ellas estando en tu casa y andando por el camino y al acostarte y cuando te levantes."*

Esto se oye exactamente como lo que la iglesia del Nuevo Testamento estaba haciendo. La iglesia del Nuevo Testamento tenía compañerismo con otros creyentes en el templo. Ellos hablaban de las cosas del Señor cuando "andaban por el camino." Los creyentes del Nuevo Testamento compartían pan en sus casas, comían juntos, glorificaban juntos, alababan a Dios, disfrutaban el favor de la gente, y se amaban los unos a los otros. Si captáramos de esa clase de compañerismo tuviéramos un avivamiento.

Mira la última parte de Hechos 2:47, *"Y el Señor añadía cada día a la iglesia los que habían de ser salvos."* Si queremos que el Señor traiga una multitud a los pies de Jesús, necesitamos aprender como tener iglesia como los del primer siglo. Necesitamos estar listos en temporada y fuera de temporada. El Evangelio debe de estar en nuestros labios todos los días. El compañerismo tendrá que estar en el centro de nuestros corazones. Alabar y glorificar a Dios juntos todos los días en el trabajo, en el mercado, en nuestros hogares. Cada día es una oportunidad de proclamar el Evangelio con nuestro caminar. Cuando la gente nos vea viviendo el Evangelio serán atraídos a Jesús. No serán atraídos a Jesús por nosotros mismos sino por la dulce fragancia de Jesús que exude de nuestro estilo de vida de adoración.

¿Dónde?

Hablemos del estilo de vida del Evangelio. Alguna gente piensa que el Evangelio debe estar limitado a las cuatro paredes del edificio de una iglesia. No me mal entiendan, no tengo nada en contra de la iglesia como un edificio. Yo creo que debemos plantar iglesias en la esquina de cada calle en el planeta. ¿Pero nuestro predicar el Evangelio se debe limitar a *solamente* un edificio? ¿Debería mantener silencio en mi trabajo o la escuela? ¿Dejo mi Cristianismo afuera de la puerta cuando voy a trabajar? ¡Claro que no! De nuestros antepasados hemos heredado un América que nos garantiza un derecho de adorar en cualquier lugar y a cualquier tiempo. Me gustaría dejar esta clase de América para mis hijos y nietos.

Veamos unos ejemplos como Jesús quien se movió de pueblo en pueblo predicando el reino de Dios.

"Recorría Jesús todas las ciudades y aldeas, enseñando en las sinagogas de ellos, y predicando el Evangelio del reino, y sanando toda enfermedad y toda dolencia en el pueblo" (Mt. 9:35).

"Él les dijo; vamos a los lugares vecinos para que predique también allí; porque para esto he venido" (Mr. 1:38).

El corazón de Jesús era de llevar las Buenas Nuevas a cada aldea y pueblo que pudiera. Predicó en las sinagogas, cuando estaba pescando, en las montañas, y en las aldeas en los valles. ¿Hablando de la pesca, de que hablan cuando sales con tus compañeros? ¿De qué tema son tus conversaciones en el campo de golf? ¿Tus cuates de golf saben que tienes una relación con Jesús? La peor cosa que debes oír de alguien, especialmente de tu Amigo, es, "No sabía que eres Cristiano." ¡Eso es terrible! No importaba adonde Jesús fuera, Él iba a hablar del reino de Su Padre celestial.

Nuestra misión debe de ser la misma.

"Después subió al monte y llamó a sí a los que él quiso y vinieron a él. Y estableció a doce, para que estuviesen con él, y para enviarlos a predicar" (Mr. 3:13-14).

No solamente estaba en el corazón de Jesús de predicar y enseñar el Evangelio, es exactamente la razón por el cual apuntó a los doce Apóstoles. Ellos fueron comisionados para hacer lo mismo que Él hizo. Ellos deberían ir a todos los lugares en la tierra para llevar las Buenas Nuevas.

Tenemos la Gran Comisión dada por Jesús de ir a todo el mundo y hacer discípulos. Estos discípulos deben hacer otros discípulos que harán más discípulos. La misma Gran Comisión se aplica a mí y a ti hoy en este día.

Mira lo que dijo Jesús:

"Por tanto, id y haced discípulos a todas las naciones bautizándolos en el nombre del Padre y del Hijo y del Espíritu Santo; enseñándoles que guarden todas las cosas que os he mandado; y he aquí yo estoy con vosotros todos los días hasta el fin del mundo, Amén" (Mt. 28:19- 20).

Creo que está muy claro de que debemos ir a todas las naciones y hacer discípulos. Entonces qué, ¿obtenemos pasaportes y empezamos a planear misiones a otros países? Sí, eso es una parte, pero muchas veces nuestro primer "viaje misionero" debe ser en nuestra propia vecindad. Debemos organizar una estrategia que nos permita tener un encuentro Evangélico en nuestro pueblo. La organización de diferentes grupos o iglesias es muy importante. Una estrategia que mapa toda la ciudad y que sea implementada bien para llevar el Evangelio a cada calle en la ciudad es lo importante.

Por ejemplo, con un mapa de tu ciudad, divídelo entre cuatro distritos. Dibuje una línea en el medio del mapa de tu ciudad del norte al sur. Luego dibuja otra línea de un lado a otro que es de este al oeste. Esto divide tu ciudad en cuatro distritos. Cada distrito se puede ser designado como Nordeste, Noroeste, Sudeste, y Sudoeste. Lo siguiente es que cada distrito se divida entre cuatro partes y tendrán un color código: rojo, blanco, azul, y verde. Las calles que se encuentren en cada color son las que deben ser evangelizadas casa por casa. Cada vez que tu grupo o iglesia se junte pueden alcanzar cada cuarto de cada distrito hasta que honestamente pueden alcanzar a todos. Cualquier estrategia que usen puede ser efectiva. Esto nada más es un ejemplo. El punto es que vayan. Hay mucha preparación y oración en el planeo. Asegúrate que el Señor te esté guiando en la dirección que te dirijas. Cualquier estrategia sin consultar con el Señor no nos llevará a ningún lugar.

Una vez que has hecho contacto con alguien en cada distrito, busca por "casas de compañerismo" en donde los dueños están dispuestos a tener reuniones. Jesús nos dio un ejemplo de estas clases de hogares:

"Mas en cualquier ciudad o aldea donde entréis, informaos quién en ella sea digno, y posad allí hasta que salgáis. Y al entrar en la casa saludadla. Y si la casa fuere digna, vuestra paz vendrá sobre ella; mas si no fuere digna, vuestra paz se volverá a vosotros. Y si alguno no os recibiere, ni oyere vuestras palabras, salid de aquella casa o ciudad, y sacudid el polvo de vuestros pies. De cierto os digo que en el día del juicio, será más tolerable el castigo para la tierra de Sodoma y de Gomorra, que para aquella ciudad" (Mt. 10:11-15).

El propósito de establecer "casas de compañerismo" es para entrenar aquellos que viven en la ciudad a evangelizar sus vecindades. Una presencia fiel tiene un impacto enorme. Una presencia fiel es una presencia constante, alguien que siempre estará presente para demostrar su interés.

La gente le tiene confianza a alguien con la cual se interaccionan a diario en vez de una vez al mes. Hay un dicho que dice: "A nadie le importa que tanto sabes hasta que saben que tanto les importas." Este dicho es tan cierto porque no importa que tanta teología imparta a la vecindad, si no hay un interés genuino, no habrá un impacto. Aunque doctrina sana es muy importante no será recibida si no viene de un interés genuino. ¿De qué sirve de decirle "la paz sea con usted" a alguien que tiene hambre? No sé de usted, pero si tengo hambre necesito comida no un "la paz sea con usted." Cuando la gente ve un interés genuino de suplir sus necesidades, una presencia fiel permite que sus oídos reciban lo que tiene uno que decir.

¿Cómo funcionan las "casas de compañerismo?" Vamos a pretender que tuviste un encuentro asombroso con alguien durante uno de tus esfuerzos evangelísticos. También pretendamos que este individuo/individua recibió a Cristo como su Salvador, y que abrió las puertas de su casa para tener estudios Bíblicos. Lo siguiente que quieres hacer es escoger un día y tiempo específico en el cual se van a reunir. El propósito de hacer esto es para estar en contacto con esta persona y ayudarle a que madure espiritualmente. Esto también presenta una gran oportunidad para estudiar la Biblia juntos y que aprendan más de Jesús. Al mismo tiempo estarás al pendiente de sus necesidades.

Durante este tiempo lo que se está haciendo es cuidado pastoral. El cuidado pastoral se lleva a cabo hasta que estos creyentes estén fuertes en la fe para que continúen por sí mismo. La forma que quiero compartir con ustedes de estudiar la Biblia lo aprendí con Ningún Lugar Sin Alcanzar que se llama Tres Tercios Método. Lo que voy a enseñar fue inspirado de esta forma de estudiar la Biblia.

El Método de Tres Tercios

Un ejemplo de una hora en una "casa de compañerismo" es dividida en tres partes. Los primeros veinte minutos se deben usar para cuidado pastoral y contabilidad. Usa este tiempo para darte cuenta de cómo le han ido a este individuo durante la semana. Date cuenta si hay peticiones por las cuales orar. La meta de la "casa de compañerismo" es de edificar a los creyentes que se reúnen allí para que ellos estén lo suficiente fuertes para seguir adelante y puedes enfocar en otra área. Entrénalos a que sean capaz de establecer otras "casas de compañerismo." La meta principal es de hacer discípulos que hacen otros discípulos.

Los próximos veinte minutos se deben usar para estudiar la Biblia. Abran la Biblia al Nuevo Testamento y seleccionen una pequeña porción de unas de las historias y empiecen a leer juntos. Hagan algunas preguntas del pasaje que escogieron. Preguntas como: "¿Qué dice el pasaje de Jesús? ¿Qué dice el pasaje tocante a pecados que debemos evitar? ¿Qué dice el pasaje tocante al hombre? ¿Qué dice el pasaje tocante a mandatos que debemos obedecer? Por ejemplo, *"Así alumbre vuestra luz delante de los hombres, para que vean vuestras buenas obras, y glorifiquen a vuestro Padre que está en los cielos" (Mt. 5:16)*. Cada vez que estudiamos la Biblia hay dos cosas que nos tenemos que llevar o aprender. La primera es que aprendemos de lo que el pasaje enseña. En este pasaje aprendemos que el hombre debe glorificar a Dios. La segunda cosa que debemos aprender es lo que el pasaje los manda hacer. Este pasaje nos manda a que hagamos buenas obras ante los hombres con el motivo de glorificar a Dios. Cada vez que abrimos las Escrituras debe ser con la meta de obedecer lo que nos está enseñando a que hagamos.

Los últimos veinte minutos se usan para establecer metas para aplicar lo que aprendimos en nuestro diario vivir. Nos mantendremos al contado para llevar a cabo o cumplir con estas metas cada semana. Por ejemplo: Usando el pasaje en Mateo 5:16, mi meta para esa semana será demostrar un acto de caridad a alguien que por lo normal no se la he mostrado. Cuando vean este hecho de caridad le darán gloria a Dios. ¡En verdad, es así de simple!

Cuando regresemos a las "casas de compañerismo" la próxima semana, dedicamos los primeros veinte minutos para hacernos preguntas como: ¿Como llevaste a cabo la meta de demostrar una obra de caridad la semana pasada? Cuando se llegue al punto en donde los que participan en esta "casa de compañerismo" están fuertes y firmes cumpliendo con las metas de obedecer la Palabra de Dios, entonces es tiempo de buscar otra "casa de compañerismo." Este proceso nunca termina. Mi sugerencia es que sigas haciendo esto hasta tu último respiro. Por lo regular, la hora de reunión en una "casa de compañerismo" se desenvuelve cada semana. Claro que simple tiene que ver lugar para algo espontáneo. No se puede ser muy rígido. No obstante, la junta debe mantener una estructura. La meta es de introducir a los nuevos creyentes a la majestad de Dios a través del estudio de Su Palabra. Servimos a un Gran y Asombroso Dios y ellos necesitan ver eso.

Para resumir este capítulo, la respuesta a "Cuándo" de uno predicar el Evangelio es de empezar en donde te encuentres. Haz un mapa distritucional de tu ciudad y organiza tus iglesias o grupos que estén dispuestos a ir. Dos personas o cien personas lo pueden hacer. Lo importante es de ir. Sé organizado. Ten una estrategia y plan de ataque y ve. Una casa a la vez, busca "casas de compañerismo" que estén dispuestos a unirse al esfuerzo. Haz planes de reunirse de nuevo para entrenar aquellos que están dispuestos de ser una presencia fiel en sus vecindades. Muchas plantas de iglesias se pueden ser establecidas por medio de las "casas de compañerismo" cuando hay suficiente de ellos en un distrito.

Una vez que honestamente pueda decir que ninguna sola casa no ha sido alcanzada en su ciudad, entonces es tiempo de buscar otra ciudad y empezar el proceso de nuevo. Te sorprenderás de que tan rápido se esparce el mensaje del Evangelio de paz por medio de tus esfuerzos. Recuerda que la oración es el primer y más importante ingrediente al A.M.O.R. (Anda Menciona la Oportunidad de Reconciliación).

El profeta Jeremías declaró a aquellos que fueron desterrados a una tierra extranjera que deberían,

> "... procurad la paz de la ciudad a la cual os hice transportar, y rogad por ella a Jehová; porque en su paz tendréis vosotros paz...Porque yo sé los pensamientos que tengo acerca de vosotros...de paz, y no de mal, para darnos el fin que esperáis. Entonces me invocaréis, y vendréis y oraréis a mí, y yo os oiré" (Jer. 29:7,11-12).

El clamor del Evangelio de Jesús es de traer paz a un mundo lastimado y quebrantado. Podemos ver alrededor caos y pandemonio por todas las calles. Se deja de ver que necesitamos paz. Una multitud llena de coraje están quemando nuestras calles. En cualquier lado que uno se encuentre todos estamos de acuerdo que necesitamos paz. Solamente la podemos encontrar en El Príncipe de Paz. Ninguna legislación, presidente, político, o programa nos puede dar la clase de paz que solamente se encuentra en Jesucristo. La paz empieza con doblando nuestras rodillas en humildad al Príncipe de Paz, orando por la paz de nuestras ciudades. Una vez que haigas orado ponle pies a tu fe y camina cada calle en tu ciudad llevándoles el A.M.O.R. de Jesús.

¿Por qué?

Verdaderamente creo que la respuesta al "Por qué" debemos predicar el Evangelio se nos es dada a través del Apóstol Pedro, *"Mas el fin de todas las cosas se acerca..." (1 Pe. 4:7a)*. No soy de aquellos que fijan una fecha, pero sí sé que Jesucristo regresará un día por su gente. La Biblia nos da muchas "señales" de su regreso y del fin del siglo que nos ayuda a saber que Su venida está a la puerta. Los discípulos de Jesús le preguntaron tocante a su regreso, *"Dinos, ¿cuándo serán estas cosas, y que señal habrá de tu venida, y del fin del siglo?" (Mt. 24:3)*. Veamos cuidosamente la repuesta de Cristo a ver si reconocemos las señales:

> *Respondía Jesús, "les dijo: Mirad que nadie os engañe. Porque vendrán muchos en mi nombre, diciendo: Yo soy el Cristo; y a muchos engañarán. Y oiréis de guerras y rumores de guerras; mirad que no os turbéis, porque es necesario que todo esto acontezca; pero aún no es el fin" (Mt. 24:4-6)*.

Ha llegado al punto que tuvimos un líder de un culto que convenció a sus seguidores a cometer suicidio en grupo porque él se decía ser el Mesías. Al transcurso de los años, muchos han hecho esta proclamación. Cristo Jesús mismo nos advierte de no ser engañados por esos falsos cristos. También durante mi vida ha habido una multitud de guerras entre naciones más Cristo Jesús nos dijo que no nos espantáramos porque el fin todavía no es. ¡Hay más!

> *"Porque se levantará nación contra nación, y reino contra reino; y habrá pestes, y hambres, y terremotos en diferentes lugares. Y todo esto será principio de dolores" (Mt. 24:7-8).*

Tenemos a Irán amenazando a Israel, China amenazando a los Estados Unidos, Corea del Norte amenazando a Corea del Sur, Rusia amenazando a sus vecinos. Tenemos tanta comida en los Estados Unidos que nadie debería tener hambre, no obstante, todavía lo hay. Tenemos terremotos de inmensa magnitud ocurriendo en California y alrededor del mundo, pero Jesús dijo que esto solo era el principio.

> *"Entonces os entregarán a tribulación, y os matarán, y seréis aborrecidos de todas las gentes por causa de mi nombre. Muchos tropezarán entonces, y se entregarán unos a otros, y unos a otros se aborrecerán" (Mt. 24:9-10).*

El nombre de Jesús nunca antes ha sido más ridiculizado de lo que ha sido hoy. Si reclamas el nombre de Cristo, serás odiado por muchos. Hemos visto en la última década, múltiples versiones de persecución en el sistema judicial contra los cristianos. En la televisión nacional, los musulmanes radicales han decapitado a los cristianos. En naciones de todo el mundo, los cristianos han sido cazados y asesinados. Todo esto ha ocurrido en los últimos diez años.

> *Muchos falsos profetas surgirán y engañarán a muchos. Debido a que la anarquía aumenta, el amor de la mayoría de las personas se enfriará (Mt. 24:11-12).*

Tenemos evangelistas en la televisión internacional burlándose del verdadero Evangelio. Mucha gente está siendo engañada por estos "falsos profetas." La rebelión es el orden del día. La gente se alborota y quema los negocios. Alborotadores se adueñan de la ciudad. Criminales atacan a los policías en pleno día. ¿Que estamos haciendo? A esta clase de comportamiento nunca la hemos llamado civilizada. Estas son las "señales" del fin. Jesús nos advirtió de ante mano para que cuando ocurran reconozcamos las señales del tiempo. Por si no se ha dado cuenta, ya están aquí.

> *"Mas el que persevere hasta el fin, este será salvo. Y será predicado este evangelio del reino en todo el mundo para testimonio a todas las naciones y entonces vendrá el fin" (Mt. 24:13-14).*

¿Captaste eso? Cuando todo el caos que Jesús explicó se lleve a cabo, este Evangelio del reino será predicado. ¡Aleluya! ¿Qué parte jugarás en esto? ¿Andarás quemando edificios para que tu voz sea escuchada? ¿O encenderás tu corazón con el fuego del reino de Dios? ¡El fin está cerca! No sé a qué punto de vista de los días finales creas, pero sí sé que vale más decidas en donde esta tu corazón y alinees tus prioridades. Pienso que todos podemos estar de acuerdo que estas son las señales del fin.

El Tiempo Previamente Pasado

Esto me lleva al próximo punto: ¿no hemos gastado suficiente tiempo sirviendo nuestra propia agenda? Dios sabe que yo lo he hecho. Yo he pasado años satisfaciendo mis deseos de la carne, de los ojos, y de la vida. He destruido muchas vidas incluso la mía. ¡Es suficiente! El Apóstol Pedro dio un testimonio maravilloso de esto.

> *"Puesto que Cristo ha padecido por nosotros en la carne, vosotros también armaos del mismo pensamiento; pues quien ha padecido en la carne, terminó con el pecado, para no vivir el tiempo que resta en la carne, conforme a las concupiscencias de los hombres, sino conforme a la voluntad de Dios. Baste ya el tiempo pasado para haber hecho lo que agrada a los gentiles, andando en lascivias, concupiscencias, embriagueces, orgías, disipación y abominables idolatrías. A éstos les parece cosa extraña que vosotros no corráis con ellos en el mismo desenfreno de disolución y os ultrajan; pero*

ellos darán cuenta al que está preparado para juzgar a los vivos y a los muertos.... Mas el fin de todas las cosas se acerca; sed, pues, sobrios, y velad en oración" (1 Pe. 4:1-5,7)

Ha visto suficientes años y vidas perdidas. Suficientes ciclos de quebrantamientos. Cuando leo esta Escritura, todo lo que puedo decir es "culpable, culpable, culpable, culpable, culpable." Y por si me fue una, "culpable." Es tiempo de darle para adelante. El daño ya está hecho y no lo podemos cambiar, pero si podemos empezar el proceso de sanación. Mi oración es que cuando la gente empiece a leer estas palabras que la unción del Espíritu Santo empiece a sanar corazones quebrantados y heridos por medio de Su poder. El ciclo de personas heridas que hieren a otros necesita parar. Esta destrucción solamente la para el Evangelio de Jesucristo. Cuando el mensaje del Evangelio toma control, las vidas cambian. Es tiempo de que desparramemos el Evangelio de reconciliación para que vidas sean transformadas.

¿"Por qué" predicamos el Evangelio? Porque las almas de hombres, mujeres, y niños están de por medio. La responsabilidad de cada una de esas almas esta sobre los hombros de los creyentes. Lo que se aplicaba al profeta Ezequiel en aquel tiempo entonces se aplica a los Cristianos hoy:

"Hijo de hombre [Cristiano] yo te he puesto por atalaya a la casa de Israel [pone el nombre de tu ciudad aquí] oirás, pues, tú la palabra de mi boca, y los amonestarás de mi parte. Cuando yo dijere al impío; De cierto morirás; y tú no le amonestares ni le hablares, para que el impío sea apercibido de su mal camino a fin de que viva, el impío morirá por su maldad, pero su sangre demandaré de tu mano" (Ez. 3:17-18).

Si este versículo no es lo suficiente para poner fuego debajo de tus pies, no sé qué lo es. Mi oración es que este versículo sea más que suficiente para encender ese fuego. ¡Los pies son bonitos cuando están en fuego! Mira lo que el Apóstol Pablo dijo,

"Porque TODO AQUEL QUE INVOCARE EL NOMBRE DEL

SEÑOR, SERÁ SALVO. ¿Cómo, pues, invocarán a aquel en el cual no han creído? ¿Y cómo creerán en aquel de quien no han oído? ¿Y cómo oirán sin haber quien les predique? ¿Y cómo predicarán si no fueren enviados? Como está escrito: ¡CUAN HERMOSOS SON LOS PIES DE LOS QUE ANUNCIAN LA PAZ, DE LOS QUE ANUNCIAN BUENAS NUEVAS (Ro. 10:13-l5)!

Los pies que llevan las Buenas Nuevas del Evangelio a las almas lastimadas y perdidas, Jesús les llama pies hermosos. ¡Amado, esto es asombroso!

¿Cómo?

Les he explicado lo mejor posible "A Quién," "Qué," "Cuándo," "Dónde," y "Por qué" del Evangelio. "A Quién" las Escrituras nos dicen debemos llevar el Evangelio, "Qué" es lo que debemos decir cuando predicamos el Evangelio, "Cuándo" es que debemos llevar el Evangelio, "Dónde" debemos llevar el Evangelio, "Por qué" estamos obligados de compartir el Evangelio.

No puedo enfatizar lo suficiente el hecho que necesitamos estar saturados de oración ante Dios. Debemos orar por nuestras vecindades, iglesias, apartamentos, el sistema de las cortes, instituciones penales, ciudades, estados, oficiales de la ciudad, policías, bomberos, personal militar, nuestro país, el Presidente, Congreso, Legislatura, y especialmente por nuestros hijos.

Debemos orar por puertas abiertas en los ministerios, por reconciliación en las familias quebrantadas, por paz en nuestras ciudades, por nuestras futuras generaciones y sus hijos. Tenemos muchas cosas por las cuales debemos orar y hay poder en la oración. Para llegar al punto celestial más alto necesitamos poner nuestras caras en el suelo. Doblando rodillas no es un rito sino una actitud. Nuestros corazones se humillan ante Dios. Reconocemos que la única esperanza para este mundo es el Evangelio de Jesucristo. Reconocemos que El Dios Santo es el que está en control y no nosotros mismos. Él es Soberano y nosotros no. Una actitud de humildad obtiene la atención de Dios en oración.

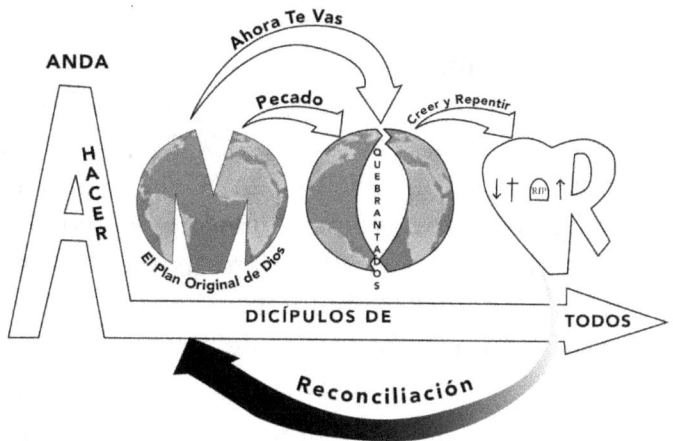

Más que la oración necesitamos el poder del Espíritu Santo. El Apóstol Pablo les dijo a los Tesalonicenses:

"Pues nuestro evangelio no llegó a vosotros en palabras solamente, sino también en poder, en el Espíritu Santo y en plena certidumbre, como bien sabéis cuáles fuimos entre vosotros por amor de vosotros" (1 Ts. l:5).

Cuando oramos, invocamos el poder de ejércitos celestiales para ayudarnos. También Dios ha puesto su Espíritu dentro de nosotros. El Espíritu nos da la sabiduría de Dios que necesitamos. Cuando acudimos a esta sabiduría para cada decisión y movimiento, podemos operar "con plena convicción." Es por eso por lo que el Apóstol Pablo les podía decir a los creyentes Tesalonicenses que su Evangelio no era en palabras solamente, había poder. Gente se sanaba y los ojos de los ciegos veían. La evidencia comprobaba que este mensaje del Evangelio era de Dios. No sé de usted, pero si el poder de Dios se manifiesta en su palabra, yo tendré una energía en mí andar. ¡Amen!

Escucha Amado, necesitamos oración, poder y un plan. La única manera de tener el privilegio de orar y el poder para obras es hacerte hijo del Cual todas las bendiciones descienden. Tienes que hacerte creyente si aún no lo eres. Es la única manera de recibir el poder del Espíritu Santo. Debemos rendirnos al Señorío de Jesucristo.

El Plan

Cuando tu vida está saturada de oración y El Espíritu de Dios mora en ti, entonces tú necesitas un plan de acción. He diseñado la cobertura de este libro con el acrónimo A.M.O.R. (Anda Menciona (la) Oportunidad (de) Reconciliación). La "A" representa tu ministerio como discípulo de Jesucristo. Nuestro amor por Jesucristo nos impulsa a ser obedientes a su mandato de "ir" a todo el mundo y hacer discípulos. Alguien te dijo del Evangelio porque ama a Jesús y te ama a ti. Ahora te toca a ti de demostrar ese amor.

"De modo que si alguno está en Cristo, nueva criatura es; las cosas viejas pasaron; he aquí todas son hechas nuevas. Y todo esto proviene de Dios, quien nos reconcilió consigo mismo por Cristo, y nos dio el ministerio de la reconciliación" (2 Co. 5:17-18).

Contenido en tu ministerio está este mensaje:

"Que Dios estaba en Cristo reconciliando consigo al mundo, no tomándoles en cuenta a los hombres sus pecados, y nos encargó a nosotros la palabra de la reconciliación. Así que, somos embajadores en nombre de Cristo, como si Dios rogase por medio de nosotros; os rogamos en nombre de Cristo: Reconciliaos con Dios. Al que no conoció pecado, por nosotros lo hizo pecado, para que nosotros fuésemos hechos justicia de Dios en él" (2 Co. 5:19-21).

Este es el mensaje que debes llevar usando el acrónimo A.M.O.R. Vamos a imitar un encuentro con una persona que encuentres en la parada del autobús. Le llamaremos José. A ti te llamamos Discípulo. A través de este encuentro usaremos la M, O, y R.

- **Discípulo**: (Buen contacto de ojo) Hola, Señor, ¡me llamo Discípulo!
- **José**: Hola, soy José.
- **Discípulo**: ¿Escuchaste del alboroto en el centro?
- **José**: Dios mío, ¿está loco eso verdad?
- **Discípulo**: Sí, ¡temeroso!

- **José**: Esas personas están fuera de control.
- **Discípulo**: (Busca una oportunidad porque el autobús llegará pronto) ¿Crees que eso le agrada a Dios?
- **José**: No lo sé, todo está muy mal.
- **Discípulo**: (Usa la M en el acrónimo) Este no es el plan original de Dios. Desde el principio, Dios intentó de que viviéramos con él en paz.

- **José**: No lo parece.
- **Discípulo**: (Usa la O en el acrónimo) Lo sé, pero el pecado entró al mundo por medio de los primeros seres humanos, Adán y Eva. Desobedecieron a Dios y pues aquí nos encontramos. El pecado trajo todo este quebrantamiento.

- **José**: Pues he escuchado un poco de la historia.
- **Discípulo**: José, seré honesto contigo, ambos hemos contribuido al problema del pecado.
- **José**: ¿Qué quieres decir?

- **Discípulo**: Bueno, Dios nos dio un mandato y pidió que fuéramos obedientes. ¿Has oído de los Diez Mandamientos?
- **José**: Si, pero soy un buen hombre. No he matado a nadie.
- **Discípulo**: ¿Te consideras perfecto?
- **José**: (Sonriéndose) No, no perfecto, pero tampoco malo.
- **Discípulo**: Bueno José, Dios requiere perfección.
- **José**: Creo que todos estamos fuera de allí.
- **Discípulo**: (Usa la R en la sigla) Pues eso es lo hermoso de Dios. Las Buenas Nuevas es que Dios nos ama tanto que no nos dejó en esta condición de quebrantamiento. Pues Él mandó a Su Hijo Jesús a la tierra y vivía una vida perfecta y sin pecado en nuestro lugar.

Y luego usó esa vida perfecta de Jesús y la sacrificó para pagar la deuda del pecado que tú y yo debíamos. Jesús fue golpeado tan feo que no lo reconocían. La gente religiosa de su día se burló de Él y luego lo crucificó por ti y por mí. Deberíamos haber sido nosotros en esa cruz. No obstante, después de tres días en la tumba, resucitó de entre los muertos. La Biblia dice que este sacrificio satisfizo la ira de Dios contra tú y yo. Ahora bien, si aceptas el sacrificio de Jesús como regalo, cree con tu corazón y retírate de tus pecados, Dios te perdonará. Él te restaurará completamente al plan original para cuando te mueras estés con Él por toda la eternidad. Hay más en esta vida de vivir para Jesús, pero por el momento el primer paso es de ser reconciliado con Dios. ¿José, quieres ser reconciliado con Dios? Él te quiere y lo desea que lo hagas.

Esta imitación de un encuentro la uso para explicar el acrónimo A.M.O.R. No todos los encuentros fluyen como este. Unos son hostiles, otros se ríen de ti, y otros si te escucharán. Tu privilegio y deber es de decirles, si escuchen o no. Este es un encuentro que se toma como cinco minutos de tu tiempo. Entre más lo practicas más fácil se pone. De primero, está difícil, pero luego se hace fácil.

A como nos te involucres en evangelismo establecerás amistades. Otros hermanos y hermanas que son parte de esta obra también conocerán a la misma gente que tú. Tendrán que comunicarse los unos con los otros tocante a gente que debe ser discipulado. Una manera para comunicar en donde se encuentra una persona es a través del uso de un semáforo: la luz roja, amarilla, y verde. Esta idea de comunicar usando un semáforo fue inspirada por el entrenamiento de Cuatro Campos. Cuando estás compartiendo el Evangelio, puedes determinar donde se encuentra cada individuo usando este sistema. Una persona identificada con la luz roja es hostil al Evangelio. Una posible respuesta que este individuo te daré será, "No estoy tratando de oír eso de lo que estás hablando." No te desanimes si esto pasa. La Biblia dice que sacude el polvo de tus pies y sigue tu camino (Lc. 9:2-5). Una luz amarilla es alguien que no es hostil al Evangelio, pero al mismo tiempo no está listo para recibir a Cristo como su Señor y Salvador. No obstante, compartes con él una historia de la Biblia (Lc. 7:36-50; 10:25-37; 15:11-32; 18:9-14, etc.). De esta manera dejas algo apuntado en esa persona para discutir con ellos en el futuro.

Ahora la luz verde representa aquellos que quieren conocer al Señor y están dispuestos a escucharte tocante a todo lo que la Palabra de Dios dice. Estos son los que discipulamos y establecemos en "casas de compañerismo" para que crezcan espiritualmente al punto de que ellos también hagan discípulos por su propia cuenta.

Aún más, este sistema te permitirá como interactuar con personas que te encuentres. Por ejemplo, vamos a decir que tú y otro hermano en Cristo están hablando de una persona que posiblemente sea discipulado. Dirías, ¡Oye Esteban! ¿Sabes que Chris es una luz amarilla? Esto quiere decir que Chris está dispuesto a oír el Evangelio, pero no está listo para rendirse. Si fuera una luz roja, simplemente sigues tu camino. Si es una luz verde, quiere decir que tú harías todo en tu poder para discipularlo. Este sistema del semáforo nos ayuda a comunicarnos con otros creyentes que se esfuerzan para ganar almas junto con nosotros.

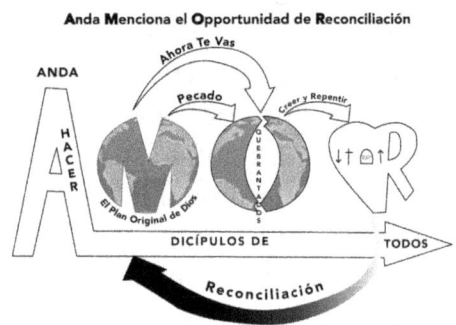

Lo importante es que sigas el acrónimo A.M.O.R.
1. Anda hacer discípulos de todas las naciones enseñándoles todo lo que Cristo te ha enseñado a ti.
2. Menciona el plan original de Dios de vivir con Él en perfección.
3. El pecado entró al mundo. Por eso vemos todo este quebrantamiento (asesinato, muerte, enfermedad).
4. Pero Dios nos amó tanto que debemos creer en la venida de Jesús, Su muerte en la cruz por nuestros pecados, Su sepulto en la tumba, y Su resurrección de entre los muertos el tercer día, y debemos arrepentirnos de todos nuestros pecados.
5. Si hacemos estas cosas, seremos Reconciliados para con Dios y salvos.

El mensaje del Evangelio en realidad es así de fácil. Solamente tenemos que hacerlo. Este es un plan comprobado de "Cómo" llevar el Evangelio a un mundo lastimado y quebrantado. Si sigues el "A Quién", "Qué", "Cuándo", "Dónde", "Por qué" y "Cómo" de compartir el Evangelio de Jesús, te prometo que estarás activamente cumpliendo la Gran Comisión de Cristo para todos los creyentes (Mt. 28:18-20).

Mantener Contacto

Una vez que los esfuerzos evangelísticos se desenvuelvan, los resultados automáticos serán una acumulación de relaciones profundas. Uno de los desafíos más grande en evangelismo es de mantener el contacto con las personas con las que tuvimos un encuentro. Es fácil pensar que el trabajo se es cumplido porque le llevaron el Evangelio a un individuo o a una comunidad. Esa clase de mentalidad está mal. En verdad todo el esfuerzo que se llevó para evangelizar a una ciudad es solamente el principio del trabajo. Necesitamos estar conectados. Es aquí cuando empezamos a vivir entre la comunidad de creyentes.

El discipulado empieza cuando el evangelismo termina. Discipulado es cuando te haces responsable de enseñarle doctrinas bíblicas y como vivirlas a una persona o a un grupo. Esto incluye, pero no se limita a empezar un estudio Bíblico en "casas de compañerismo." Cuando estos grupos se hacen demasiado grandes, el siguiente paso es de establecer una iglesia. El propósito de ser discipulado es para cultivar los dones de cada miembro para que puedan servir a la comunidad en áreas en las cuales están calificados. Es aquí que empezamos a buscar individuos que sean idóneos para el liderazgo. La meta optima es de repetir el ciclo de evangelismo, discipulado y establecer una iglesia en cada esquina de la ciudad.

Los dones espirituales de cada creyente están en forma de semilla. Cada semilla se tiene que plantar y atender con mucho cuidado para que crezca en una planta saludable que produzca fruto. Lo mismo es cierto con los dones espirituales. Un creyente con experiencia podrá reconocer ciertas cualidades en un recién convertido y puede empezar el proceso de discipulado para cultivar y desarrollar la potencial del nuevo creyente.

Un ejemplo que ocurrió en mi propia vida es cuando Pastor Paul Kerr de Mill Valley Fellowship en Farmers Branch, Texas invirtió muchas horas en mi en la prisión. El manejaba dos horas para venir a discipularme cada semana. Hablamos de todo durante esas visitas. Él se hizo mi padre espiritual. Él reconoció ciertos dones espirituales en mí y los cultivó. Tanto fue que tuve la confianza de venir al seminario. Le debo mucho a este hombre. Él vio algo en mí que yo no vi en mí mismo. Él vino a mi lado para guiarme y ayudarme a desarrollar mi potencial espiritual. Gracias a Dios por él.

Otro hombre que Dios puso en mi camino para ser discipulado es Lloyd Earl Gregg. Él me visitaba en la Segregación Administrativa. Casi todos los días Lloyd se sometía a un vergonzoso registro sin ropa para poder ir a visitarme. El cultivó los dones espirituales que Dios me dio. Por siempre estaré agradecido por su amistad. Él caminó la vida conmigo.

Otro hombre que Dios puso en mi vida fue William Dusty Rhodes. Él también se tomó el tiempo para discipularme. Él fue quien Dios usó para que yo me bautizara. Me bauticé con esposas puestas. Dusty invirtió muchas horas en mi vida.

Y por último he sido discipulado por Gregg y Marta Bergersen de Alpha. Cuando salí de la Segregación Administrativa, Gregg me empezó a discipular durante una clase de Alpha. Me entrenó a como ser alguien que también hace discípulos. Gregg y Marta derramaron su amor sobre todos en esa clase. Yo quería tener ese mismo fuego. Aprendí mucho durante la clase de Alpha. Siempre estaré agradecido con cada uno de estos hombres que Dios puso en mi vida para entrenarme. Con el corazón en la mano, les doy las gracias.

Una cosa que estos individuos tenían en común es que me discipularon con amor. Algo que nunca había experimentado. Se arrimaron a mi aun en medio de todo mi mugrero y quebrantamiento y me amaron. Se metieron al lodo conmigo y me sacaron a tierra firme. Los quiero mucho por lo que hicieron por mí. Ahora me toca a mí de aplicar esta estrategia a un mundo perdido y quebrantado.

"Todo aquel que es nacido de Dios, no practica el pecado, porque la simiente de Dios permanece en él; y no puede pecar, porque es nacido de Dios" (1 Jn. 3:9).

Este versículo dice que la semilla de Dios está en ti. Esta semilla necesita ser cultivada. Lo más que practicas la justicia lo menos que pecas. Es un proceso de desaprender lo malo y reemplazarlo aprendiendo lo bueno. Entre más lo practicas, más mejoras como cualquier otra cosa. Tenemos que esforzarnos. Es por eso por lo que es muy importante mantener contacto con creyentes nuevos. No los podemos dejar solos. Debemos de establecer grupos de contabilidad. Esto hace que se pongan más y más fuertes.

"Vosotros también, poniendo toda diligencia por esto mismo, añadid a vuestra fe virtud; a la virtud, conocimiento; al conocimiento, dominio propio; al dominio propio, paciencia; a la paciencia, piedad; a la piedad, afecto fraternal; y al afecto fraternal, amor. Porque si estas cosas están en vosotros, y abundan, no os dejarán estar ociosos ni sin fruto en cuanto al conocimiento de nuestro Señor Jesucristo" (2 Pd. 1:5-8).

Entre más aumentes en estas cualidades, más fruto producirás. Entre más fruto produzcas, más serás usado en el reino de Dios. Mira la palabra de Jesús tocante a dar fruto,

"Yo soy la vid verdadera, y mi Padre es el Labrador. Todo pámpano que en mí no lleva fruto, lo quitará; y todo aquel que lleva fruto, lo limpiará, para que lleve más fruto.... Yo soy la vid, vosotros los pámpanos; el que permanece en mí, y yo en él, éste lleva mucho fruto; porque separados de mí nada podéis hacer" (Jn 15:1-2,5).

¿Viste la progresión en dar fruto: lleva fruto, lleva más fruto, lleva mucho fruto? Jesús hace lo mismo en nuestras vidas. Él cultiva la semilla que ha puesto dentro de nosotros para que produzca mucho fruto. Con esta misma mentalidad, necesitamos mantener contacto con los nuevos creyentes para que desarrollen su potencial espiritual.

Este libro de evangelismo se puede aplicar en cualquier ciudad o prisión. No importa en cual lado de la cerca te encuentres. No importa en cual ciudad, estado, o país te encuentres. Lo importante es de que llevemos el Evangelio de Jesucristo a los que nos rodean. Llevemos la misma esperanza y paz que Jesucristo nos ha ofrecido. Ahora tu ve y haz discípulos de todas las naciones. Comparte el A.M.O.R. Anda Menciona (la) Oportunidad (de) Reconciliación en tu ciudad o prisión. Que Dios te bendiga al ir.

Por favor contáctenos en:

Mill Valley Fellowship
13545 Webb Chapel Road
Farmers Branch, Texas 75234
Teléfono: 214-403-8198

www.ingramcontent.com/pod-product-compliance
Lightning Source LLC
Chambersburg PA
CBHW061504040426
42450CB00008B/1481